世界遺産を問い直す

吉田正人
+
筑波大学世界遺産専攻吉田ゼミ

ヤマケイ新書

はじめに

2018年5月4日、「奄美大島・徳之島・沖縄島北部及び西表島」の世界自然遺産登録をめざしてきた鹿児島県や沖縄県に衝撃が走った。世界自然遺産の評価を担当する国際自然保護連合（IUCN）の評価書が日本政府に伝えられ、その評価は「登録」ではなく、「登録延期」であったからである。日本政府は、奄美大島・徳之島・沖縄島北部及び西表島の推薦を一旦取り下げることにしたため、6月の世界遺産委員会で、日本から世界遺産リストに登録されたのは、文化遺産である「長崎と天草地方の潜伏キリシタン関連遺産」のみとなった。

2018年の世界遺産委員会では、カナダのピマチョイン・アキという複合遺産の登録に注目が集まった。富士山が文化遺産として登録された、2013年の世界遺産委員会で、カナダから複合遺産として推薦されたピマチョイン・アキは、文化遺産としても、自然遺産としても、顕著な普遍的価値があるとは認められず、一旦、登録延期となった。しかし、ピマチョイン・アキに住むファーストネーション（カナダ先住民）の人たちはこれに対して、真っ向から異議を唱えた。「私たちは、私たちの土地を自然と文化に切り分けて、別々に評価して欲しいと頼んだ覚えはない。自然と共生して暮らしてきた、私たちの土地を複合遺産として評価して欲しい」として、むしろ人と自然の関係性を評価すべきだと主張したのだ。

世界遺産条約では、複合遺産とは文化遺産と自然遺産の基準を同時に満たすものと定義され、複合遺産を自然と文化の関係性から評価するという視点がなかった。文化遺産の基準は国際記念物遺跡会議（ＩＣＯＭＯＳ：イコモス）、自然遺産の基準はＩＵＣＮが別々に評価し、それを合わせたものが総合評価となる。人と自然との相互関係に関しては文化的景観という概念があるが、これはあくまでも文化遺産の一つに分類されている。そのため、複合遺産として推薦しても、自然遺産または文化遺産のどちらかの基準しか認められなければ、複合遺産にはなれない。

２０１３年の世界遺産委員会では、ピマチョイン・アキを登録延期とすると同時に、ユネスコ世界遺産センターや諮問機関（ＩＵＣＮやイコモス）に対して、ピマチョイン・アキのような自然と文化の関係性に関する評価方法について研究を進めるという決議が採択された。

これを受けて、両諮問機関は、自然と文化の関係に関する評価プロセスを見直すためのコネクティング・プラクティスというプロジェクトを開始した。また、文化財保存修復研究国際センター（ＩＣＣＲＯＭ：イクロム）は、ヨーロッパを中心に、自然と文化のリンケージに関する人材育成ワークショップを開始した。

同様にユネスコと生物多様性条約事務局は、生物多様性と文化多様性の関係を明らかにして、生物多様性を育んできた先住民の伝統的知識を大切にしようと、生物文化多様性に焦点を当てたリンクス・プログラムを開始した。２０１６年には、ユネスコと国連大学が中心になり、能登半島の七尾市で、第1回アジア生物文化多様性シンポジウムが開かれている。いまや、世界遺産条約や生物多様性条約に関係する全ての国際機関が、自然と文化の分断をいかに克服するかに力を注いでいる。

このような議論のきっかけとなったカナダのピマチョイン・アキは、2017年の世界遺産委員会でIUCNとイコモスの両方から「登録」の評価をもらい、世界遺産リストに登録される予定であったが、直前になって先住民の一部族が脱退を決めたため、「登録」ではなく「情報照会」となり、2018年の世界遺産委員会でようやく世界遺産リストに登録された。

本書では、まず第1章で世界遺産条約における自然と文化の分断はどのようにして生まれたのかを振り返り、第2章から第5章では自然遺産である白神山地、屋久島、知床、小笠原諸島における自然と文化の関係を考えてみる。第6章では自然遺産として推薦された奄美大島・徳之島・沖縄島北部及び西表島について、なぜ登録延期となったのかということを含めて自然保護上の課題を取り上げ、第7章では文化遺産として世界遺産リストに登録された富士山と紀伊山地における自然と文化の関係の課題を紹介したい。最終章では、世界遺産条約における課題を取り上げ、その中で自然と文化の分断を克服するには、どうしたらいいかを考えてみたい。

本書のタイトルは「世界遺産を問い直す」であるが、著者の専門である世界自然遺産を中心に、自然との関連が深い二つの世界文化遺産を取り上げた。自然と文化の関係と言いながら、世界文化遺産については全てを紹介できていないことをあらかじめお断りしておきたい。

フォーマットデザイン　尾崎行欧デザイン事務所
ＤＴＰ　高橋　潤
図版作成　株式会社千秋社
編集　神谷有二

世界遺産を問い直す

第1章　世界遺産条約における自然と文化の関係

自然と文化の縦割りの世界遺産

世界遺産条約は、一つの条約の中で、自然と文化を保護しようとする稀有な国際条約である。2018年現在、209の自然遺産、845の文化遺産、38の複合遺産が世界遺産リストに登録されているが、自然遺産、文化遺産、複合遺産という分類は、評価基準（クライテリア）の違いに基づく人為的な分類に過ぎない。しかし実際には、自然遺産を評価するのは国際自然保護連合（IUCN）、文化遺産を評価するのは国際記念物遺跡会議（ICOMOS：イコモス）と分かれており、日本国内でも自然遺産を推薦するのは環境省と林野庁、文化遺産を推薦するのは文化庁と役割分担ができている。

ユネスコや世界遺産委員会も、かつては自然遺産のN（i）～（iv）、文化遺産のC（i）～（vi）と分かれていた評価基準を、2005年からは（i）から（x）まで連続した評価基準にするなど、自然と文化の垣根をなくそうと努めているが、実際的な理由から（i）～（vi）の基準を満たしたものを文化遺産、（vii）～（x）の基準を満たしたものを自然遺産、両方にまたがるものを複合遺産と呼ぶという当初からの慣行は変わっていない（表1）。

この慣行に、真っ向から異議を唱えたのが、「はじめに」でも紹介したカナダのピマチョイン・アキという地域に住むファーストネーション（カナダ先住民）のアニシナーベ族の人たちであった。

表1. 世界遺産リストの評価基準（クライテリア）

	評価基準
(i)	人類の創造的才能を表す傑作
(ii)	建築、科学技術、記念碑、都市計画、景観設計の発展に重要な影響を与えた、ある期間にわたる価値観の交流またはある文化圏内での価値観の交流を示すもの
(iii)	現存するか消滅しているかにかかわらず、ある文化的伝統または文明の存在を伝承する物証として唯一のまたは稀有な存在である
(iv)	歴史上の重要な段階を物語る建築物、その集合体、科学技術の集合体、あるいは景観を代表する顕著な見本
(v)	ある一つの文化または複数の文化を特徴づけるような伝統的居住形態もしくは陸上・海上の土地利用形態を代表する顕著な見本、または人類と環境の関係を代表する顕著な見本
(vi)	顕著な普遍的価値を有する出来事（行事）、生きた伝統、思想、信仰、芸術的作品、あるいは文化的作品と直接または実質的に関連があるもの（この基準は他の基準とあわせて用いるのが望ましい）
(vii)	最上級の自然現象または比類のない自然美・美的価値を有する地域を内包するもの
(viii)	生命進化の記録や、地形形成における重要な進行中の地質学的過程、あるいは重要な地形学的または自然地理学的特徴といった、地球の歴史の主要な段階を代表する顕著な見本
(ix)	陸上・陸水・沿岸・海洋の生態系や動植物群集の進化、発展において、重要な進行中の生態学的または生物学的過程を代表する顕著な見本
(x)	学術上または保全上顕著な普遍的価値を有する絶滅のおそれのある種の生息生育地など、生物多様性の生息域内保全にとって最も重要な自然の生息地を包含するもの

上記のうち、(i)~(vi) の基準を満たすものを文化遺産、(vii)~(x) の基準を満たすものを自然遺産、両方の基準を満たすものを複合遺産と称する

２０１３年の世界遺産委員会で、カナダから推薦されたピマチョイン・アキは、文化遺産の基準から見ると伝統的な建築物は一つもなく（先住民はかつてティーピーなど簡単に移動できる家に住んでいたので無理もない）、また自然遺産の基準から見るとカナダやロシアに広がる広大な北方林のなかで、飛び抜けた価値を持っているとは思えない。結果的に、文化遺産としても、自然遺産としても、顕著な普遍的価値があるとは認められず、複合遺産としては「登録延期」という評価となった。

しかし、カナダ先住民はこれに対して、「私たちは、私たちの土地を自然と文化に切り分けて、別々に評価して欲しいと頼んだ覚えはない。自然と共生して暮らしてきた、私たちの土地を複合遺産として評価して欲しい」として、むしろ人と自然の関係性を評価すべきだと主張したのである。

複合遺産というからには、自然と人、自然と文化の関係性を評価するのは当たり前のように思えるが、これまで世界遺産条約では、複合遺産を自然と文化の関係性から評価するという視点がなかった。カナダ先住民の主張は、まさにこの問題を指摘したものであった。

２０１３年の世界遺産委員会では、ユネスコ世界遺産センターやその諮問機関（ＩＵＣＮやイコモス）に対して、ピマチョイン・アキのような自然と文化の関係性に関する評価方法について研究を進めるよう注文がつけられた。

ユネスコの諮問機関である、ＩＵＣＮ、イコモス、文化財保存修復研究国際センター（ＩＣＣＲ

OM：イクロム）は、相互に協力してこの問題に関する研究や人材育成に取り組んだ。IUCNとイコモスはスイス政府の支援でコネクティング・プラクティスという複合遺産の評価プロセスの研究を開始した。2016年にハワイで開催されたIUCN世界自然保護会議ではネイチャー・カルチャー・ジャーニー、2017年にインドで開催されたイコモス総会ではカルチャー・ネイチャー・ジャーニーと呼ばれる一連の集会が開催され、世界遺産における自然と文化の関係について集中的な議論が行われた。

またイクロムは、2014年から世界遺産における自然と文化の関係に重点をおいた人材育成プログラムを開始したが、イクロムが所在するイタリアのベスビオ山など、ヨーロッパ中心での開催であったため、アジア・太平洋地域からは参加しにくかった。そこで、2016年から筑波大学世界遺産専攻と自然保護寄附講座の主催で、アジア・太平洋地域の遺産保護における自然と文化の関係に関する人材育成ワークショップを開催している。このワークショップでは、主にアジア・太平洋地域の遺産保護の若手・中堅の実践家を日本に招いて、毎年、自然と文化の関係に関するテーマにあわせた研修を行うとともに、各国における実践報告をしてもらっている。

このワークショップは、2017年にはユネスコからユネスコチェアプログラムの認定を受け、4年間のプログラムとして実施されている。2016年は農業景観をテーマに、棚田など農業活動を通じた里山生態系の保全を、2017年は聖なる景観をテーマに、自然信仰や宗教によって守られてきた山岳の保護を考えた。２０１８年は地震、津波などの自然災害に対する回復力をテーマにワークショップを開催する。

考えてみれば、遺産保護における自然と文化の関係を学ぶ場として、アジアとりわけ日本ほどふさわしい地域はないのではないか。岐阜県・富山県にまたがる白川郷・五箇山は、豪雪地帯に適応した合掌造り集落と養蚕を中心とした農業を体験することができ、山岳信仰で有名な白山ユネスコエコパークの移行地帯に含まれている。紀伊半島の霊場と参詣道や富士山は、文化遺産に登録されているが、自然への畏敬に基づいた山岳信仰の場であり、いずれもユネスコエコパークや国立公園と重なっている。

自然と文化を分離せず、一体のものとみる自然観を持つアジア人からすれば、自然と文化を別々のものとして切り分けることに違和感を感じる一方で、世界遺産条約の専門家であればあるほど、世界遺産の評価基準は絶対的な基準だと信じ込み、この評価基準に縛られてきた。

自然と文化を一つの条約で守るはずの世界遺産条約において、なぜこのように自然と文化の分断が進んでしまったのだろうか？

ユネスコによる「文化遺産の赤十字」案

世界遺産条約のアイデアが発案されたのは、１９６０年代のことである。１９５９年に計画された、アスワンハイダムの建設によって、エジプトのアブシンベル神殿をはじめとするヌビアの遺跡が水没の危機を迎えた時、ユネスコはエジプトおよびスーダン政府の要請を受けて、遺跡救済キャンペーンを開始した。ドイツ、フランス、イタリア、スウェーデン等の協力によって、アブシンベル神殿は、１０００以上のパーツに切り分けられ、水没の危険のない60ｍ高い場所に移築された。それに要した資金８０００万ドルの半分は、50ヶ国からの寄付でまかなわれた。

その後、イタリアのヴェネツィアとその潟、インドネシアのボロブドゥール寺院など、文化遺産の保存のためユネスコの遺産救済キャンペーンが続き、危機に瀕した文化遺産の保存に関する専門団体や国際条約の設立が求められた。１９６４年にイタリアのベニスで開催された第２回建築家および歴史的建造物専門家会合において、歴史的建造物の修復の原則を定めたベニス憲章とイコモスの設立を求める決議を採択した。現在、イコモスは１５３カ国の１万人以上の記念物、建造物、遺跡保護の専門家からなる団体となっている。

１９７０年のユネスコ総会における決議を受けて、ユネスコはイコモスの専門家の協力を得て、「普遍的な価値を持つ記念工作物、建造物群、遺跡の保護に関する条約（International Instruments for the Protection of Monuments, Group of Buildings and Sites）」の準備を進めていった。１９７１年6月にユネスコから各国に回覧された条約案は、その名称が示すように、文化遺産のみを対象とし、とりわけ修復事業が必要な記念工作物、建造物群、遺跡をリストアップし、国際協力によって保全することを主な目的としており、いわば、「文化遺産の赤十字」ともいえる条約案であった。

それでは、自然遺産を含めて保全の対象とする条約案はどこから生まれてきたのだろうか？

ＩＵＣＮ、米国による自然遺産の条約案

１９４８年、パリのフォンテーヌブローにおいて、ユネスコのバックアップにより、ＩＵＰＮ（International Union for the Protection of Nature：国際自然保護連合）が誕生した。ＩＵＰＮは１９５６年の総会でその名称をＩＵＣＮ（International Union for Conservation of Nature and Natural Resources）と改称した。１９５８年に設立されたＷＣＰＡ（World Commission on Protected Areas：世界保護地域委員会）は、１４０カ国の２０００人以上が委員として参加するＩＵＣＮ専門委員会の一つである（設立当時はＩＣＮＰ（International Commission on National Parks）と称した）。１９５８年にアテネで開催されたＩＵＣＮ総会では、国連事務総長に対して、国連加盟国が国立公園ならびに同等の保護地域のリストを作成し、アップデートすることを求める決議が採択された。

これは、第二次世界大戦後、多くの植民地が独立国となり、国立公園や自然保護区などを設置し始めたが、保護管理が不十分であったり、国際協力を必要とする保護地域が多いためであった。

WCPAは、1962年からおよそ10年おきに世界公園会議（World Parks Congress）を開催している。1962年アメリカのシアトルで開催された第1回世界公園会議では、81カ国の国立公園および保護地域の国連リストが公表された。

IUCN創設時の副会長であり、後に会長をつとめた米国人のハロルド・クーリッジは、インドネシアのジャワ島の保護地域関係者が、ジャワ島の保護地域が国連リストに掲載されたことに感動し、これで政府が保護地域を将来に亘って保護するため影響力を及ぼすだろうという言葉を得たというエピソードを紹介している。IUCNは、このように国際的な重要性を持った保護地域をリスト化することで、国際協力によって保護するという意図を持っていたのである。

IUCNの保護地域国連リストは、1960年代半ばには世界遺産トラストという構想へと発展する。1965年、国連国際協力年を機会に米国のジョンソン大統領が設立したホワイトハウス国際協力会議の中で、ジョセフ・フィッシャーが座長を務める自然資源の保全と開発部会において、世界の中でも優れた自然と景観と歴史を有する地域を、現在および将来の世代の利益のために、世界遺産トラストとしてリスト化し、保全・管理するという構想が提案された。具体的な地域として、グランドキャニオンなどに加えて、カンボジアのアンコールワット、ヨルダンのペトラ、インカ、マヤ、アステカの遺跡などが挙げられ、この時すでに自然遺産だけではなく文化遺産を含む世界遺産リストづくりが構想されていた。

１９６６年、ＩＵＣＮ保護地域委員会の委員長でもあったクーリッジは、フィッシャーをスイスのローザンヌで開催された第９回ＩＵＣＮ総会に招き、世界遺産トラストをＩＵＣＮのプロジェクトの一つとして位置付けることに成功したが、これを国際条約にするにはさらに時間が必要であった。国際協力会議の参加者でもあり、ＩＵＣＮ保護地域委員会のメンバーでもあった、ラッセル・トレインが、１９７０年にニクソン大統領が設置した環境委員会（ＣＥＱ）の初代委員長に指名されると、１９７１年２月の大統領教書に世界遺産トラスト構想を盛り込んだ。ニクソン大統領は、「１９７２年という記念すべき年（世界最初の国立公園であるイエローストーン国立公園設立年である１８７２年から数えて１００周年）に世界各国が世界遺産トラストに合意することを望む」と述べ、同年８月には国立公園局が世界遺産トラスト条約案を起草した。

１９７２年という年は、環境問題にとっても重要な転機であり、スウェーデンのストックホルムで、国連人間環境会議が準備されていた。ＩＵＣＮは、１９７１年２月には、世界遺産トラストを国連人間環境会議の議題に入れるべく提案を行い、自然遺産に重点をおいた世界遺産条約案を提案した。１９７１年秋には、ユネスコの文化遺産を中心とした条約案、ＩＵＣＮの自然遺産を中心とした条約案、米国の自然と文化を含んだ世界遺産トラスト条約案が出揃い、各国に回覧された。その中から、これらの類似した条約案を一つにまとめるべきだという意見が出て来た。

文化遺産と自然遺産を一つの条約に

ユネスコで人間と生物圏（ＭＡＢ）計画を担当していたミシェル・バティセはユネスコとＩＵＣＮの橋渡しをする立場から、自然遺産と文化遺産を一つの条約で取り扱うことを模索していた。１９７１年11月にジェラール・ボラが文化遺産部長に就任すると、ユネスコが自然遺産と文化遺産を一つの条約で扱うことの重要性を理解し、直ちにワシントンＤＣに飛び、米国の関係者と話し合いを持った。その結果、自然遺産と文化遺産を同等に扱うことが話し合われた。

とはいえ、ユネスコと米国の思惑が完全に一致していた訳ではなく、条約の名称や基金の拠出方法など合意が難しい点もあった。条約の名称に関しては、米国は世界遺産トラストという名称にこだわったが、トラストという英単語はフランス語をはじめとするラテン系言語に訳すことができないため、パリに本部を置くユネスコとしては避けたかった。日本語でも、ナショナル・トラスト、ランド・トラストなど、現在ならばよく耳にする言葉となったが、もし条約名が世界遺産トラスト条約だったら、「国が土地を買い取るのか？」とか「ユネスコに土地を差し出さなければならないのか？」など様々な誤解が生まれたのではないかと思う（１９９０年に日本自然保護協会が世界遺産条約批准の運動を開始した際にも、「相続財産に関する国際条約ですか?」などという質問をマスコミから受けた経験がある)。また、ユネスコはあくまでも加盟国の義務的な拠出金と自発的な寄付の両方による基金の設立を目指していたが、米国は自発的な拠出金や寄付のみによる基金の設立を主張した。ユネスコは、ユネスコへの分担金の2%を隔年で拠出することを求めていたが、米国の反対で現在のように分担金の1%を隔年に拠出する規定となった。(なお現在、米国はユネスコから脱退し、拠出金を出していない)。

それにも関わらず、1972年に世界遺産条約が自然遺産と文化遺産を一つの条約で取り扱う条約として採択されたのは、国連人間環境会議の開催と、イエローストーン国立公園100周年という記念すべき年であったからだと言っても過言ではない。米国やIUCNは、条約の名称や採択の場所については、ユネスコに譲り、1972年に条約が採択されることを優先した。

自然遺産の定義

世界遺産条約は、1972年10~11月にパリのユネスコ本部で開催されるユネスコ総会で採択することが決まり、同年4月にパリに自然遺産、文化遺産の専門家を集めた専門家会合が開催された。この会合は、ユネスコ、IUCN、米国から出された条約案を一つにまとめ、世界遺産条約の条文を作るための作業部会であった。日本からはこの会議に、東京国立文化財研究所所長などを務められた伊藤延男氏が出席している。

この会合の中で、世界遺産条約第2条の、複雑な自然遺産の定義が作られた。すなわち、自然遺産とは、

・無生物又は生物の生成物又は生成物群から成る特徴のある自然の地域であって鑑賞上又は学術上顕著な普遍的価値を有するもの
・学術上又は保全上顕著な普遍的価値を有する絶滅の恐れのある動植物種の生息生育地を含む地質学的地理学的生成物又は厳密に定義された区域
・学術上保全上又は審美上顕著な普遍的価値を有する自然地域又は厳密に定義された区域

と定義される。

これを読んで、自然遺産の定義を明確に理解できる人はほとんどいないのではないか。そもそも、二番目の定義には、学術上又は保全上顕著な普遍的価値を有する絶滅の恐れのある動植物種の生息生育地と地質学的地理学的生成物又は厳密に定義された区域という二つの異なる概念が読み込まれているため、実際には3つではなく4つに定義し直した方が良いのではないかと思える。それを無理に3つにまとめた理由は、「自然遺産と文化遺産を同等に取り扱う」という原則があったためである。会議に出席した伊藤氏は、自然遺産の定義は、自然遺産の専門家が、文化遺産の3つの定義

に合わせて、短時間で3項目にまとめたと述べている。そう考えると、二番目の定義は次のように考えることができる。

文化遺産の定義は、1つ目が記念物（Monument）、2つ目が建造物群（Group of Buildings）、3つ目が場（Site）である（Site は遺跡と訳することもあるが、ここには棚田のような「人と自然との共同作品（文化的景観）」も含まれているので「場」と訳しておく）。自然遺産をこれにあてはめると、1に対応するものは、天然記念物（Natural Monument）のような鑑賞上、学術上特徴のある自然、3に対応するものは、自然の場（Natural Sites）すなわち学術上・保全上重要であるばかりでなく、審美的価値を持った国立公園のような境界線を持った自然地域である。では、2に対応するものは何かと言えば、自然の建造物、すなわち山岳・渓谷などの地形地質や、絶滅の恐れのある動植物の家である生息生育地ということになる。

どのような経緯にせよ、一度、国際条約の条文ができてしまうと、それを変更することは、全ての加盟国に再批准手続きを求めることになるため、容易ではない。そこで世界遺産条約では、世界遺産委員会において作業指針（オペレーショナル・ガイドライン）を策定し、それを必要に応じて改訂することで、時代に合わせた運用ができるようにしている。

１９７７年に最初に作られた作業指針では、自然遺産の評価基準は4つに分類されていた。すなわち、

N（ⅰ）地球進化の主要段階（Major Stages of Earth's History）
N（ⅱ）進行中の地質学的、生物学的過程、人と自然との相互関係（On-going Geological Processes, Biological Evolution and Man's Interaction with Nature）
N（ⅲ）自然美・自然現象（Natural Phenomena and Natural Beauty）
N（ⅳ）絶滅危惧種の生息生育地（Habitat of Rare and Endangered Species）

である。１９９３年に登録された白神山地は基準（ⅱ）、屋久島は基準（ⅱ）と（ⅲ）とを満たした自然遺産であると評価された。

１９９２年12月に米国のサンタフェで開催された世界遺産委員会において、評価基準が以下のように改訂された。

N（ⅰ）地球の歴史の主要段階および地質学的過程（Major Stages of Earth's History and On-going Geological Processes）
N（ⅱ）進行中の生物学的・生態学的過程（On-going Biological and Ecological Processes）
N（ⅲ）自然美・自然現象（Natural Phenomena and Natural Beauty）
N（ⅳ）生物多様性の現地保存の場として重要な生息生育地（Natural Habitat for In-situ Conservation of Biological Diversity）

評価基準（ⅰ）と（ⅱ）は、これまで過去の現象か現在進行中の現象かで分けていたものを、

（ⅰ）地球の歴史と地質学的過程、（ⅱ）生態学的・生物学的過程という分け方に変更し、同時に「人と自然との相互関係」は文化遺産の評価基準の中で評価することとして自然遺産の基準からは除外した。（ⅳ）は1992年5月に国連環境計画において生物多様性条約が採択され、それに対応したものである（生物多様性条約にも、世界遺産条約のように守るべき生物種や生息地のグローバルリストを作る条文が提案されたが、途上国の反対によってグローバルリスト条項が削除され、世界遺産条約・ラムサール条約等の既存の条約を活用することとなったためである）。2005年に登録された知床は、評価基準（ⅱ）と（ⅳ）を満たすと評価された。

人と自然との相互関係

ここで注目したいのは、「人と自然との相互関係」という評価基準が、自然遺産の評価基準からは削除され、1992年以降は、「文化的景観」として文化遺産の一部に分類されることとなったことである。

このきっかけは、ワーズワースの詩やピーターラビットなどで日本人にも馴染みの深い英国の湖水地方（レイク・ディストリクト）が、1987年、1990年の2回にわたって複合遺産候補として推薦されたものの、イコモスが文化遺産として評価したのに対して、IUCNは自然遺産としてふさわしいかどうか結論を保留し、登録延期となったことに由来している。湖水地方の景観は、放牧・採草など人の活動によって人為的に作られた景観であり、自然遺産として評価することは難しいという理屈である。

世界遺産委員会の要望を受け、イコモスとIUCNは、世界遺産条約における「人と自然との相互関係」をどこで評価するか、数年にわたる検討を行った結果、「文化的景観」として文化遺産の一部として評価することになり、1992年の作業指針改訂の際に、自然遺産の評価基準の改訂、文化的景観の新設に結びついた。この改訂にたずさわった、イコモスのヘンリー・クリアー氏、IUCNのジム・トーセル氏、ユネスコのナタラジャン・イシュワラン氏が訪日した際に、この改訂についてどう思っているかという質問をぶつけてみたことがある。イコモスのクリアー氏は、文化的景観が自然遺産と切り離されたことについて、少し残念に思っているようであったが、IUCNのトーセル氏、ユネスコのイシュワラン氏は、それ以前の評価基準は自然遺産と文化遺産に重複した曖昧な表現があったが、1992年の改訂によってすっきりしたと話していた。

確かに、世界遺産条約の条文を見ると、「人と自然との相互関係」は、第1条文化遺産の定義の3番目に「人工の所産又は人工と自然の結合の所産」という箇所に見られるのみであり、第2条の自然遺産の定義には書かれていない。1977年の作業指針には、「進行中の地質学的、生物学的過程、人と自然との相互関係」と書いてあるのだが、その根拠は世界遺産条約の条文には見あたらない。では、どうして初期の自然遺産評価基準に「人と自然との相互関係」が書かれていたのだろうか？

一つ考えられるのは、１９７２年に世界遺産条約を採択した当初は、自然と文化を一つの条約で守るという精神が強かったということが言える。その証拠として、１９７１年6月にユネスコとイコモスが準備した普遍的な価値を持つ記念物・建造物群・遺跡の保護に関する条約案では、文化遺産の定義の３つ目を遺跡（Archeological site）だけに限らず、「人工の所産又は人工と自然の結合の所産（works of man as well or the combined works of nature and of man）という言葉で、「人と自然との相互関係」を文化遺産の定義に入れている。また１９７１年10月にＩＵＣＮが準備した世界遺産の保護に関する条約案の自然遺産の定義には、「世界遺産は人類にとって顕著な関心と価値を持った地域からなる。これらは第一義的には自然地域であるが、人によって改変された地域を含む」とされ、「人と自然との相互関係」によって作られた二次的自然に対しても含みを残している。

もう一つは、世界遺産条約を採択する目的は、顕著な普遍的な価値を持つ世界遺産リストを作ることだけではなく、世界遺産基金を活用して危機に瀕した途上国の遺産を国際協力によって守ること、加盟国が遺産保護に関する国内措置を強化することであるという意識が強かったことが挙げられる。その証拠として、１９７２年11月のユネスコ総会において、世界遺産条約と同時に採択された、「国内レベルの文化遺産・自然遺産の保護に関する決議」を見てみたい。

世界遺産条約第4条、第5条には、加盟国が国内において文化遺産・自然遺産を保護すべき義務が書かれているが、これをさらに具体的に示したものが、「国内レベルの文化遺産・自然遺産の保護に関する決議」である。この決議には、国内レベルの文化遺産・自然遺産の定義が書かれているが、非常に興味深いことに、文化遺産の定義に「人工の所産又は人工と自然の結合の所産」と書かれているだけでなく、自然遺産の定義にも「学術上、保全上、審美上特別な価値を持った自然区域又は厳密に定義された自然地域、及び人と自然との結合の所産とそれらの地域の関係を含む」と書かれている。すなわち、国内レベルの文化遺産・自然遺産は、「顕著な普遍的価値」の代わりにその地域にとって「特別な価値」を持つものであり、「人と自然との相互関係」は文化遺産・自然遺産のいずれにも存在しうると考えられていたのである。

世界遺産条約の条文づくりに携わったユネスコのミシェル・バティッセは、将来、世界遺産リストに記載された文化遺産・自然遺産のみに注目が集まり、リストに記載されない文化遺産・自然遺産の保護がおろそかにされることを懸念して、「(世界遺産リストに)記載されなかったという事実は、いかなる場合においても…顕著な普遍的価値を有しないという意味には解されない(世界遺産条約第12条)」という条文を設けた。しかし、ほとんどの加盟国は自国の文化遺産・自然遺産を世界遺産リストに記載することに多くのエネルギーを費やしているのが現実である。またバティッセは、フランスのモン・サン・ミシェルやイタリアのベニスを例に挙げて、「文化遺産として登録されたとしても、その保護には周辺の自然環境の保護が必要である」と述べ、文化と自然の相互関係を強調しているが、バティッセが懸念した通り、国内レベルにおける文化遺産・自然遺産の保護に関する決議は、「残念ながら忘れられている」のが現実である。

ふたたび、世界遺産条約における自然と文化の関係

２０１３年のカナダ先住民によるピマチョイン・アキの登録をめぐる過程は、世界遺産条約における自然と文化の関係に対して問題を投げかけた。この教訓を生かすとすれば、どのようなことが考えられるだろうか？

一つは、複合遺産の定義やその評価プロセスに対する問題提起であり、これについては、ユネスコ世界遺産センターの他、ＩＵＣＮ、イコモスなどがその評価プロセスについて見直しを行なっている。２０１７年にポーランドのクラクフで開催された世界遺産委員会では、複合遺産の評価にあたっては、ＩＵＣＮとイコモスが合同で調査を行なったり、合同の評価パネルを設置するなどの評価プロセスの見直しが考えられている。しかし、文化遺産の評価基準と自然遺産の評価基準を同時に満たす遺産という複合遺産の定義が変わらない限り、本質的な解決にはならない。

一方で、加盟国からの推薦プロセスにも問題がある。カナダ、アメリカ、オーストラリア等の国

は、自然遺産と文化遺産を同じ国立公園局が担当しているが、日本を含む多くの国では、自然遺産は環境省、文化遺産は文化庁など省庁縦割りで、候補地の推薦、管理を行なっているため、複合遺産は生まれにくい。日本国内でも、奄美大島・徳之島・沖縄島北部及び西表島の登録が一段落した段階で、環境省、林野庁、文化庁が合同して、複合遺産のあり方や候補地について検討すべきではないだろうか。

二つめは、既存の自然遺産・文化遺産の管理計画への、自然と文化の関係の組み込みである。日本の自然遺産は、第2章以下に述べるとおり、自然遺産であっても「人と自然との相互関係」の価値を内包している。また、文化遺産であっても、富士山、紀伊山地のように、自然的価値を内包しているものもある。これまでの世界遺産管理計画は、世界遺産登録時に評価された顕著な普遍的価値を保全することを第一に策定されており、世界遺産地域の外側のことはほとんど書かれていなかったり、自然遺産における文化的価値、文化遺産における自然的価値にはあえて触れないことが多かった。しかし、奄美大島・徳之島・沖縄島北部及び西表島の世界遺産登録にあたっては、持続的に自然を利用して来た人々の暮らしを無視して、これは人手が一切入っていない原生自然ですと主張する訳にはいかない。これを機会に、既存の自然遺産・文化遺産においても、自然と文化との関係を管理計画に組み込むことが考えられるのではないだろうか。

第2章以下では、日本の自然遺産、文化遺産の一部において、どのような自然と文化との関係が見られるのか探ってみたい。

第2章

白神山地

狭められた価値と誇張された価値

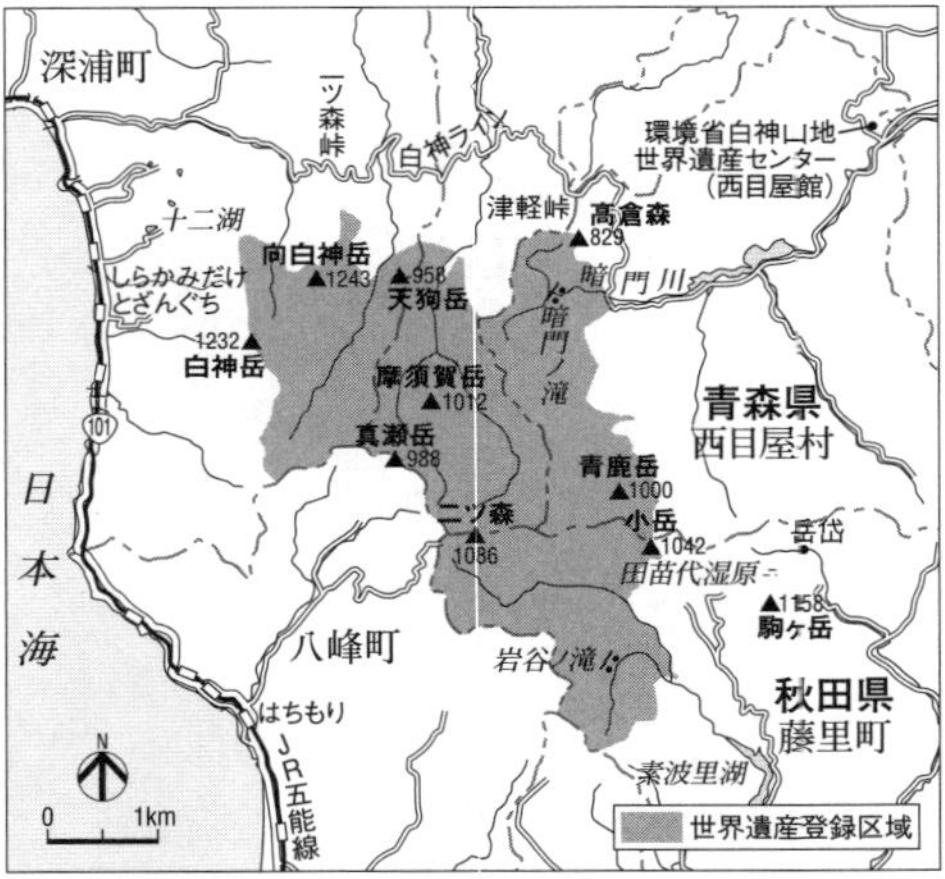

世界遺産データ

遺産名：白神山地（Shirakami-Sanchi）

所在地：青森県（西目屋村、鰺ヶ沢町、深浦町）・秋田県（藤里町、八峰町）

登録年：1993 年 12 月

登録面積：1 万 6971ha（A 地域（核心地域相当）1 万 139ha、B 地域（緩衝地域相当）6832ha）

評価基準：(ix) 代表的な生態系、進行中の生態学的・生物学的プロセス

国内法：白神山地自然環境保全地域、津軽国定公園、赤石渓流暗門の滝県立自然公園、秋田白神県立自然公園、白神山地森林生態系保全地域、国指定白神山地鳥獣保護区、天然記念物（ニホンカモシカ、イヌワシ、クマゲラ、ヤマネ）

世界遺産アウトルック評価：良好（Good）

白神山地のブナ原生林保護運動と世界遺産登録

白神山地は、１９９３年12月に屋久島とともに、日本最初の世界自然遺産として登録された。しかし、白神山地という名前は、１９８０年代に青森県と秋田県を貫く青秋林道問題がクローズアップされるまで、登山家も含めてほとんどの人が聞いたこともなかったのである。その白神山地が、なぜどのようにして、世界遺産となったのだろうか？　日本政府が、１９７２年の採択から20年も経って１９９２年に世界遺産条約を批准したのは、さまざまな理由があるが、その一つが自然保護団体からの働きかけであった。自然保護運動の成果として守られた白神山地のブナ林を将来にわたって保護するには、国際的な保護地域制度で守る必要がある。そこで世界遺産条約に加盟し、白神山地を世界自然遺産の第一号にと考えたのである。世界遺産条約に加盟したから白神山地が世界自然遺産になったわけではなく、白神山地を世界自然遺産にするために世界遺産条約の批准を働きかけたのである。そこで、少し長くなるが、白神山地のブナ原生林保護運動の歴史を振り返ってみたい。

日本列島のブナ林は、北は北海道の黒松内町から南は鹿児島県の高隈山まで広く分布しているが、１９６０～７０年代に、ブナを含む天然林を伐採し、スギ、ヒノキを中心とした人工林に作り変える拡大造林政策が行われた結果、全国的に減少し、１９８０年に大面積で残っているのは、十和田八幡平、磐梯朝日、日光、尾瀬、上信越高原、中部山岳、白山などの国立公園内に残るブナ林や、和賀岳、奥只見など、ごく限られた地域となってしまっていた。

白神山地の「発見」

青森県と秋田県の県境に広がる白神山地に、道路で分断されていないブナ林としては、日本で最大のブナ林が広がっていることがわかったのは、皮肉なことに、青森県西目屋村と秋田県八峰町を結ぶ全長30㎞の青秋林道（広域基幹林道青秋線）が計画されたためである。この計画に対して、1982年に秋田自然を守る友の会が県知事に中止要望書を出し、1983年には青森県側で白神山地の自然を守る会、秋田県側でも白神山地のブナ原生林を守る会が結成された。1983年には両県の団体の要望を受けて、日本自然保護協会が現地調査を行うとともに、東京大学の大森博雄助教授（当時）がランドサットの衛星画像をもとにブナ林の広がりを計測した。現在では当たり前になっている衛星画像の解析だが、当時、自然保護のために衛星画像の解析を行うのは初めての試みであった。

その結果、日本で最大のブナ林は十和田八幡平国立公園のものだが、道路によって分断されず原生的な環境を保ったブナ林として最大のものは白神山地のブナ林であり、4万7000haのブナ林のうち、特に原生的な自然環境を保っているのは、赤石川、追良瀬川、粕毛川などの上流部の

秋田県側の二ツ森から青森県側の真須賀岳方面を望む

青森県側の暗門の滝周辺のブナ林

1万6000haほどであることがわかったのである。この結果にもとづいて、日本自然保護協会は青森県、秋田県両知事と青森、秋田営林局長に、「青秋林道の即時中止とブナ原生林の保存を求める意見書」を提出した。この意見書には、「我が国のブナ林はユーラシア大陸東海岸に残された最後のものとして、また、冷温帯の大部分を構成する気候的極相林として、世界的にも重要な位置を占めている。当該地域は広域的に残存している唯一の地域であり、これを分断することは面積的広がりとしての価値を著しく損なう。伐採が行われれば治山治水上の問題から下流域住民に不安を抱かせるとともに、林道の維持・管理ならびに事故防止対策はきわめて難しい。そして、過疎対策、経済交流の円滑化はほとんど期待できない。したがって、この貴重な歴史的、文化的遺産を広域に保全すべきである」と述べられており、ブナ原生林の保護とともに、歴史的・文化的遺産としての価値を残すことが運動の柱に据えられていた。

1985年には国際森林年を記念して、秋田市で「ブナ・シンポジウム」が開催された。ここには、環境庁、林野庁からもパネリストが出席し、林学者、生態学者によるブナ原生林の自然的価値のみならず、梅原猛京都市立芸術大学学長（当時）、市川健夫東京学芸大学教授（当時）がブナ帯文化の重要性を論じ、ブナ原生林とブナ帯文化が対等に扱われていた。1986年、日本自然保護協会は、ブナ原生林保護基金を設置するとともに、「白神山地のブナ林生態系の保全調査報告書」をもとに、白神山地のブナ林のうち、原生的な環境を残す1万6000

秋田県側の二ツ森への登山道にある森林生態系保護地域の看板

column

生物圏保存地域（ユネスコエコパーク）と森林生態系保護地域、ジオパーク

生物圏保存地域（Biosphere Reserve）は、1971年に開始されたユネスコの人間と生物圏（MAB: Man and Biosphere）計画の一環として、代表的な生態系を保存、研究し、持続的に利用することを目指した国際的な保護地域制度である。2018年現在、120カ国に669カ所の生物圏保存地域が登録されている。日本では、1980年に屋久島、大台ケ原・大峰山、志賀高原、白山の4カ所が登録されていたが、現在では宮崎県綾、祖母・傾・大崩山、南アルプス、みなかみ、只見を加えた9カ所が登録されている。ユネスコエコパークという名称は、日本国内でのみ通じる愛称である。生物圏保存地域の目的は、保全、研究支援、持続可能な開発の3つであり、1996年に採択されたセビリア戦略では生物文化多様性の保存を第一の目的とすることが求められている。生物圏保存地域は、中心部から核心地域（コアエリア）、緩衝地域（バッファーゾーン）、移行地域（トランジッションエリア）の3つのゾーンをもち、それぞれが3つの機能に対応している。

森林生態系保護地域は、生物圏保存地域のゾーニングを参考に、保存地区（コアエリア）、保全利用地区（保全利用地区）という2つのゾーニングを有しているが、移行地域にあたるゾーンはない。

世界遺産が、国際条約に基づいた制度であるのに対して、生物圏保存地域はユネスコのプログラムという位置づけである。この他、ユネスコのプログラムという位置づけの制度としては、ユネスコのジオパーク制度が知られる。

ジオパークは、2000年に国際地質学連合に所属する研究者が中心となったジオパークネットワークとして設立され、2015年にはユネスコの正式事業として認定された。ジオパークの活動内容は、保全、教育、ジオツーリズムとされ、ジオガイドの養成なども行われている。日本では約50の日本ジオパークが登録され、9つの世界ジオパークが認定されている。

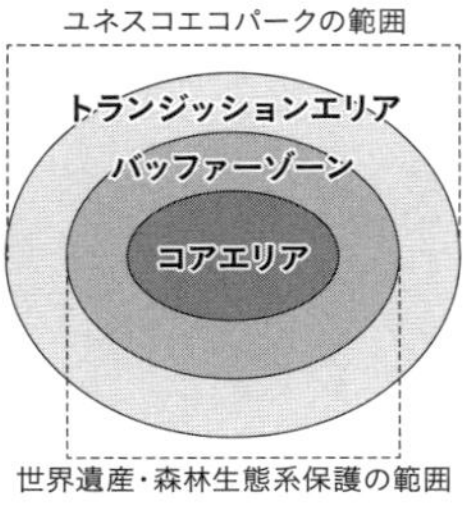

haをユネスコの生物圏保存地域（ユネスコエコパーク）に指定することを提言したのである。

１９８７年は、白神山地の保護運動にとって大きな転機となる年であった。農林水産省が、林道建設に必要な水源涵養保安林の解除の方針を固めると、赤石川流域住民を中心に全国から約1万３０００通を超す異議意見書が提出され、この意見書の数が青森県知事に林道推進から林道休止へと舵を切らせる役割を果たした。

１９８８年には、林野庁長官の諮問機関「林業と自然保護に関する検討委員会」が設置され、長官通達による保護林制度を見直し、原生的な森林生態系を広域的に保存することを目的とした保護林制度に基づいて、白神山地、知床、屋久島など26箇所が森林生態系保護地域として保護されることが決まった。検討委員会報告書には、「森林に対する国民の関心はかつてない高まりをみせている。なかでも、優れた自然景観を呈し、多様な動植物が生息する原生的な天然林を比較的多く有する国有林において、知床、白神山地などのように自然保護と林業との調整の問題が急増しており、保護を図るべき森林の地帯区分の妥当性、自然公園や保安林等における森林施業のあり方、さらには保護されるべき森林の取扱いについて種々の問題提起がなされている」と書かれており、知床における国有林伐採問題や白神山地の青秋林道問題が保護林制度を変える大きなきっかけとなったことが示されている。

１９９０年、青秋林道が正式に中止され、白神山地が森林生態系保護地域となることから、青秋林道に反対する連絡協議会の解散が決まり、記念講演の中で、日本自然保護協会の沼田眞会長（当時）が、「白神山地のブナ原生林は、わが国にとって重要なものであるばかりでなく地球的視野からみても後世に引き渡すべき『世界的な自然遺産』である」と述べ、世界遺産条約の早期批准を推進し、その候補地として白神山地のブナ原生林と石垣島のサンゴ礁をはじめとする南西諸島の生物相を世界遺産の候補とすることを宣言した。

１９９１年には、日本自然保護協会が、第１回世界遺産国際セミナーを開催し、ユネスコ世界遺産センターの初代所長をつとめたベルント・フォン・ドロステ博士などを招聘し、世界遺産条約の早期批准を呼びかけた。環境庁長官も、白神山地を視察し、白神山地を自然環境保全地域に指定する方針を決めた。これは、世界自然遺産の国内法による担保措置を確保するためでもあった。

１９９２年に日本政府は世界遺産条約を批准し、自然遺産の候補地として白神山地と屋久島の推薦書を提出した。１９９３年には、ＩＵＣＮによる現地調査が行われ、12月にコロンビアのカルタヘナで開催された世界遺産委員会において、白神山地は屋久島とともに、世界自然遺産として世界遺産リストに登録された。

世界遺産登録による地域への影響

ここまでの動きを振り返ってみると、白神山地の保護運動において、当初、ブナ原生林の保護に加えて、歴史的・文化的遺産、ブナ帯文化という言葉に見られるように、文化的価値の重要性も唱えられていた。また保安林解除に反対する異議意見書の理由には、森林伐採による土砂崩れや洪水など地域社会に与える影響も大きな理由であった。しかし、青秋林道建設を阻止するための運動の中で、ブナ原生林保護基金が設置され、本州では数カ所でしか繁殖が確認されていないクマゲラがブナ林保護のシンボルとなり、メディアもブナ原生林の重要性を報じるに従って、歴史的・文化的遺産やブナ帯文化の価値は、自然遺産としての価値に比べて、注目を浴びることが少なくなって行った。

鬼頭秀一（1996）は『自然保護を問い直す――環境倫理とネットワーク』の中で、「『原生自然=ウィルダネス』思想はその地域に生活し生業を立てて暮らしている人たちの思想ではなく、すでに都市化した地域からの旅行者の視点に立つ思想である」として、日本自然保護協会の沼田眞理事長（当時）が、1986年の提言の中で、白神山地の核心部分を生物圏保存地域（ユネスコエコパーク）として指定することを提言したことが、その後の白神山地の入山規制やそれによって地域の人々が熊撃ちや山菜採りなどの伝統的利用ができなくなることに繋がったと指摘している。

しかし私は、前半の原生自然に関する指摘はともかく、後半のユネスコエコパークに関する指摘は必ずしも的を射ていないと感じる。

まず前半の原生自然についてであるが、ブナ原生林保護の運動が、地域の住民のみならず、全国の支援者の支持を集め、1万3000通を超える異議意見書に繫がったことは間違いない。その多くが、白神山地のブナ原生林に足を踏み入れたことがない都市住民であったことも間違いないだろう。しかし、当時の人々が声を上げなかったら、日本に残された原生林は林野庁の独立採算の赤字を埋めるために伐採され、人工林に姿を変えていただろう。1987年という年は、日本国民が初めて、原生自然の価値を認識し、それを守るために声を上げ、実際にそれを守ることに初めて成功した年である。青秋林道は、原生自然を残したいという都市住民と、森林伐採による地域への被害を防ぎたいという地域住民の利害が一致して、中止されたと言える。

次に後半の保護地域に関する提言についてであるが、果たして白神山地の核心部分を生物圏保存地域（ユネスコエコパーク）として指定することを提言したことがその後の入山規制につながったと言えるだろうか？　ユネスコエコパークは、代表的な生態系を保存するとともに、周辺に居住するコミュニティの持続可能な利用を認め、むしろ持続可能な開発のモデルとすることを目指している。したがって、最初の要望の通り、ユネスコエコパークに登録されていれば、地域住民による自然資源の利用は規制の対象とはならなかったのではないだろうか。ユネスコエコパークの提言が、

1990年の森林生態系保護地域の指定、1992年の自然環境保全地域指定、1993年の世界自然遺産登録、さらには1994年の国指定鳥獣保護区などの保護地域指定に結びついたのは確かなことである。森林生態系保護地域の保存地区、保全利用地区というゾーニングも、ユネスコエコパークの核心地域、緩衝地域というゾーニングをモデルにしたものであり、自然環境保全地域は森林生態系保護地域の保存地区、国指定鳥獣保護区は保存地区と保全利用地区を対象として線引きされているからである。また世界自然遺産も、1992年に推薦された時は、保存地区を中心に推薦されたが、1993年IUCNの勧告により保全利用地区まで拡張されたものである。

入山規制問題をめぐる議論

それでは、なぜ1993年の世界遺産登録後に、核心地域への入山規制問題が発生したのか？その経緯を詳しく見てみよう。

1990年の森林生態系保護地域の設定にあたって、「(保存地区は) 原則として、人手を加えず自然の推移に委ねるものとする。原則として利用の対象とせず厳正に保存を図ることとするが、区域内に現存する歩道等はモニタリング、登山等に利用できるものとする。」という原則が採択された。すでに森林生態系保護地域の保存地区内に歩道が存在する他の森林生態系保護地域ではこの原則で問題なかったが、保存地区内には歩道がない白神山地では、「利用の対象とせず厳正に保存を図ること」という原則のみが適用されてしまった。1994年春に青森営林局が、「保存地区の森林については、原則として人手を加えずに自然の推移に委ねることにしていますので入林できません」という看板を立てると、核心地域への入山規制を巡って大きな議論が巻き起こった。

核心地域への入山規制に賛意を示したのは、遺産登録後に白神NGOを立ち上げた弘前大学の牧田肇教授（当時）である。日本自然保護協会の『自然保護』誌への投稿記事には、「『入山規制』は現時点では避けることのできない問題」であり、「(世界遺産を)『遺す』ことを第一に考えなければならない」と主張する。一方で、「私たちは『完全な入山禁止』には賛成しない。『遺産に触れる権利』を考えていないからだ。たとえば、入山人員の総量規制、ガイドつき入山のみの許可など利用を制限するルールが確立すれば、核心部への立ち入りも認めるべきだろう」と説明するが、「意見が一致するまで自由な入山を許していたら、荒廃するのは目に見えている」と述べている。

一方で、入山規制に反対したのは、青森県側で青秋林道反対に尽力した登山家の根深誠氏、白神文化フォーラムの村田孝嗣氏らであった。代表して「自然保護」誌に牧田氏への反論を寄稿した檜山季樹氏は、「営林局の『立ち入り禁止』と牧田さんらNGO会議の『入山禁止』の間に符号する点があるのではないか。両者とも、白神山地を生活の一部として利用してきた地元の住民をまったく無視していることで共通している。森に暮らすが故に、保護活動に参加してきた地元住民の入山を認めない意見は、傲慢としかいいようがない」と主張する。世界遺産を遺すためにすべきことは「入山規制」ではなく、周辺地域の伐採の禁止であるとして、「地道に地元住民の意見を集約し、人知を尽くして合意点を探して欲しい。誠意と責任を持って、日本的共生観を反映させた方向を模索することが、現状の白神山地にとって急務ではないだろうか」と締めくくっている。

1995年12月には、遅ればせながら、日本政府から世界遺産委員会に、白神山地の管理計画が提出され、その中で白神山地の核心地域に28ルートを定め、そのルートに限って、入山を許可制とする案がまとめられたが、「入山規制」問題のしこりは消えなかった。

1998年から3年間にわたって、「東北自然保護の集い」において議論された白神山地の入山規制問題は、この問題を東北地方の自然保護団体の話し合いで解決しようとする試みであった。2000年に青森県鰺ヶ沢町で開催された東北自然保護の集いは、この3年間の議論の締めくくりとして「白神2000プラン」を採択し、入山規制問題に対する新たな解決の道のりを示した。具体的には、この大会に日本自然保護協会の沼田眞会長がメッセージを寄せて、「世界遺産条約は、自然と文化とを対峙させる西洋的な自然観の中から生まれてきたために、自然と共生してきた文化を正当に評価していません。ブナ林とともに生きてきた人々の暮らしをどう位置づけるかは、世界遺産条約の今後の課題です」として、「M-N-C（人間-自然-文化）アプローチ」を提唱した。これを受けて、「世界遺産地域を含め白神山地全体を見通した管理計画とし、自然・人間・文化を一つに考えた管理計画にする」こと、「現状の入山許可申請制度を、指導の行き届く形の入山届出制に」変更することを求めている。管理計画に、自然・人間・文化アプローチを含めることはまだ実現していないが、これをきっかけに、２００３年から入山許可制から届け出制への変更が実施された。

白神山地においてブナ原生林が強調された背景

白神山地においては、自然保護運動の当初、ブナ原生林の自然的価値だけではなく、ブナ帯文化を育んできたブナ林という文化的価値が掲げられていた。ところが、白神山地を林道建設から守り、森林生態系保護地域、自然環境保全地域、世界自然遺産として保護の網をかけてゆく過程で、ブナ原生林の価値のみが強調され、ブナ帯文化という文化的価値が忘れられる結果となったことも事実である。

まず、森林生態系保護地域から見てゆこう。森林生態系保護地域は、１９９２年に国有林の保護林制度の再編によって生まれた保護地域制度であり、そのルーツは１９１５年の保護林制度に遡る。大正時代の保護林制度が、学術参考林など、１９１９年の史蹟名勝天然紀念物保存法制定前にドイツの天然記念物制度をいち早く取り入れたものであるのに対して、平成の保護林である森林生態系保護地域は、大面積の原生的な天然林の保護を目的とし、ユネスコの生物圏保存地域（ユネスコエコパーク）のゾーニングを参考にして、保存地区、保全利用地区という二つのゾーンを持っている。ユネスコエコパークのコアエリア、バッファーゾーンにあたるゾーンであるが、トランジッションエリアに相当するゾーンはない。先に述べたように保存地区は、人手を加えず自然の推移に委ねることとし、利用の対象とせず厳正に保存を図ること原則としている。しかし、森林生態系保護地域は、法律に基づく制度ではなく、林野庁長官通達によるものであることから、林野庁自らが禁伐を宣言するとともに、国有林の地主でもある林野庁が住民の利用を禁ずるという効果を生むことにもなった。

自然環境保全地域は、1972年に制定された自然環境保全法に基づいて指定される保護地域であり、環境大臣は、ほとんど人手が加わっていない原生の状態が保たれている地域を原生自然環境保全地域、優れた自然環境が維持されている地域を自然環境保全地域に指定することができる。現在、5箇所の原生自然環境保全地域、10箇所の自然環境保全地域が指定されているが、白神山地は1992年に最後に指定されたものである。10箇所の自然環境保全地域の合計が2万1593ha、うち白神山地自然環境保全地域の面積が1万4043haであることからもわかるように、白神山地自然環境保全地域は他の自然環境保全地域全てを合計したよりも面積が広い。これは、森林生態系保護地域の指定が先行していたこと、世界自然遺産の登録にあたって国内法による担保が求められていたことが背景にある。白神山地は、日本の世界自然遺産としては、唯一、国立公園ではなく、自然環境保全地域を中心として登録された自然遺産である。国立公園と自然環境保全地域とを比べると、国立公園の公園計画には保護計画と利用計画があり、保護と利用の両方が前提となっているが、自然環境保全法には保護計画のみが規定されており、利用計画は存在しない。つまり自然環境保全地域に指定したということは、環境庁は白神山地の核心部は利用を想定しない保護地域と考えていたということである。もちろん、白神山地の一部は、津軽国定公園、赤石渓流暗門の滝県立自然公園、秋田白神県立自然公園に指定されており、そこには利用を前提とした公園計画が存在する。

日本政府は、1992年に世界遺産条約に批准すると、白神山地を評価基準ix（生態系）に基づきブナ原生林の価値で推薦した。合わせて評価基準vii（自然美）、評価基準x（生物多様性）に基づきブナ帯文化を育んだブナ林の自然美でも推薦したが、IUCNの評価ではixのみが評価基準に合致すると評価された。その結果、メディアの報道も、白神山地＝ブナ原生林というメッセージ一色に染まっていった。その典型が、報道に見る白神山地の形容詞の変化である。

ブナ原生林 ——狭められた価値と誇張された価値

世界自然遺産登録の過程で、ブナ原生林という価値のみが強調され、ブナ帯文化の価値が忘れられたと書いたが、この変化を、筑波大学大学院世界遺産専攻の外崎杏由子の修士論文「世界自然遺産としての価値とコミュニティの価値の不一致〜白神山地を例に」（外崎2015）の研究をもとに見てみよう。

外崎（2015）は、白神山地は世界自然遺産登録にあたって、ブナ帯文化の価値が忘れられ、ブナ原生林の価値のみが強調されるようになったと指摘するばかりでなく、白神山地の範囲やブナ原生林の価値さえ、誤って伝えられるようになり、誤解をうむ原因となったと指摘する。

江戸時代の陸奥・出羽両国絵図に、初めて「しらかみ」という言葉が登場する。江戸時代末期に菅江真澄が訪れた頃、津軽藩領では木こり、炭焼き、鉱山、製塩などが主な産業であり、西目屋村で生産された薪炭は、藩士の俸禄の一部として使われたほか、尾太鉱山をはじめとする鉱山地帯で精錬や普請に使われていた。伐採されたのは雑木と呼ばれるミズナラやイタヤカエデなどであり、伐採後は留山《とめやま》として人々の山への立ち入りを禁じ、天然更新によって再生させたと言われる。現在でも、白神山地にはミズナラの抜根などが見られ、ブナの樹皮に鉱山への方角を刻み込んだ跡が見られる。

牧田（1993）によれば、当時の白神山地の範囲は、「西は日本海の海岸から、北は菱喰山、青鹿山、然ヶ岳を白神山地にふくめて、千畳敷のある大戸瀬崎まで。東は矢立峠までとする人もあるが、（中略）、東の境界線は大戸瀬崎と釣瓶落峠を結んだ斜めの線になる」と言われ、秋田県側を含めると総面積は13万haに及ぶ広域の範囲であった。

1985年に秋田市で「ブナ・シンポジウム」が開催された当時、ブナ原生林とブナ帯文化が二つのテーマであったことは何度も述べたが、1986年に日本自然保護協会が、林野庁長官と環境庁長官に青秋林道の中止を訴えた要望書の中で、初めて白神山地の面積に触れ、「白神山地のブナ原生林4万5000haのうち、中核部分約1万6000haを人手を加えずに原生的に保護する」、「中核部分周辺の2万9000haについては十分な緩衝地帯を設けた上で、資源が枯渇しないようにする」としてユネスコの生物圏保存地域とすることを提案している。

世界遺産登録にあたっては、日本政府はさらに狭めて森林生態系保護地域の保存地区の約1万haを世界遺産地域に推薦したが、IUCNはその評価書で「白神山地は約450㎢の面積を持つ。そのうち原生的な環境を持つ100㎢のみが推薦されているが、その外側の人手が入っていない68㎢を推薦地域に加え、面積170㎢の自然遺産とすべきである」との勧告を行っている。

ここには、本来13万haの広がりを持った「しらかみ」と呼ばれる地域のうち、1980年代半ばにブナを中心とした原生林が残っているのは約4万5000haに限定されており、そのうちまとまりをもった1万7000haのブナを中心とした原生林が世界自然遺産に登録されたという経緯が示されている。外崎（2015）は、世界遺産登録後、1万7000haの世界遺産登録地域が特に大切だという認識が広まり、世界遺産登録地域を取り囲む広い地域も白神山地だという認識が薄れてしまったと結論づける。

さらに、世界遺産登録は、白神山地のブナ原生林が「世界最大のブナ林」という誤解や、白神山地の原生性が強調されて、「人の手がまったく入っていない」という真実からかけ離れ、誇張された誤解が生まれた。

例えば、日本自然保護協会が１９８７年に白神山地の保護運動の中で作成したビデオ「マザートゥリー　ブナ原生林の四季・白神山地」では、「日本最大級のブナ林」、１９９３年に世界遺産登録を前に編集した「バージン・フォレスト　世界の遺産　白神山地」でも、「ありのままの姿を保っているブナ林の中では日本最大」という説明をしている。ここには、日本自然保護協会が、１９８６年に発行した白神山地ブナ原生林調査報告書で明らかにしている通り、日本最大のブナ林は十和田・八幡平のブナ林だが、道路で分断されていないブナ林としては白神山地が最大という衛星画像による分析結果が反映されている。ＩＵＣＮも評価書の中で、「白神山地はかつて北日本の丘陵や山地を覆っていた落葉広葉樹のブナ林の最大の名残りである。実際、隣接する十和田八幡平国立公園は、白神山地より広いブナ林を有しているが、道路によって分断され、観光施設は混雑している。白神山地は最も原生的な状態を維持した最大のブナ林である」とのべている。

しかし、世界遺産登録後の出版物やビデオを見ると、これらの説明はいっさい引用されず、「世界最大級のブナ原生林」（ＴＢＳ世界遺産、ＮＨＫ世界遺産１００）、「世界最大のブナ林」（『週刊日本の世界遺産」朝日新聞出版）というように、明らかに事実に反する誤った説明がメディアによって拡散されて行った。

外崎（２０１５）は、「白神山地では白神の価値の狭小化と誇大化が起き、白神山地の価値を伝え広める対象になるコミュニティや地元に密着した地方自治体を世界遺産登録や管理から結果的に閉め出し、巻き込めなかったことが、価値を伝えられないことにつながった」と分析する。現在の白神山地では、観光客から「白神に来ても地域の人の顔が見えない」、地域住民からも「昔の名もない山に戻して欲しい」という声が聞かれる。ＩＵＣＮの世界遺産アウトルックでは、白神山地の保全状況は「良好」と判断されているが、コミュニティの参加という視点からは、「良好」と言えるのか疑問が残る。

環白神ユネスコエコパークの提案　――自然と文化をつなぐ

外崎（２０１５）は、これらの問題を解決するために、「環白神ユネスコエコパーク」を提案している（図１）。

環白神ユネスコエコパークは、世界自然遺産に登録された１万６９７１haをコアエリアとして、その周辺から集落まで、かつて「しらかみ」と呼ばれた13万haを自然と人間との共生を図りながら持続的利用を行う地域をトランジッションエリアにゾーニングしたユネスコの生物圏保存地域とすることで、ブナ原生林とブナ帯文化の価値とを統合し、コミュニティが白神山地を自分たちの地域として、主体的に参画できるような地域とすることを目指した提案である。

白神山地周辺に住む住民にとって、白神山地は世界遺産として地域の誇りだと感じてはいても、実際にはほとんど行ったことのない遠い存在である。地域住民にとっての白神山地の価値とは、必ずしも世界遺産として評価された原生的な環境を保ったブナ林ではなく、熊撃ち・山菜採りなどの山の恵みへの感謝、昔から伝わる滝や岩に対する信仰と祭りなど、自然と人間の共生的な関係の中から生まれたいわゆるブナ帯文化であると考えられる（図2）。

環白神ユネスコエコパークの提案は、世界遺産地域を中心としたブナ原生林の価値と周辺地域におけるブナ帯文化の価値を統合するとともに、コミュニティが主体的に参加できるような制度とすることに主眼がある。世界自然遺産とユネスコエコパークが重複する地域は、世界に69箇所あると言われているが、２０１６年に屋久島生物圏保存地域が、屋久島・口永良部島全体に拡張され、白山生物圏保存地域が白川郷・五箇山を含む範囲まで拡張されたことで、環白神ユネスコエコパークの提案は、根拠のない不可能な提案ではなくなった。

現在、白神山地では、秋田県による白神山地テキストブックの発行や藤里町・八峰町の白神ガイド、ジオパークガイドの研修、青森県における白神財団やエコツーリズムネットワークの設立など、

図１　環白神ユネスコエコパーク構想提案図

地域からのボトムアップの活動が盛んになっており、これが秋田・青森両県の県境をこえた協力関係となることを期待したい。

世界のブナ林保護地域との交流

２０１３年に弘前市で開催された、世界遺産登録20周年記念行事で、「ユネスコが認めたブナ林の価値」というタイトルで講演を依頼された私は、地域の人々が白神山地の持つ自然的価値と文化的価値の両方に注目するとともに、世界のブナ林保護地域と交流をすることを提言した。ヨーロッパの世界遺産であるカルパチア山脈のブナ林は、２０１１年にはドイツのブナ林に拡張され、ドイツのブナ古代林とカルパチア山脈のブナ原生林となった（２０１７年にはイタリアやスペインまで拡張され、ヨーロッパのブナ古代林とカルパチア山脈のブナ原生林

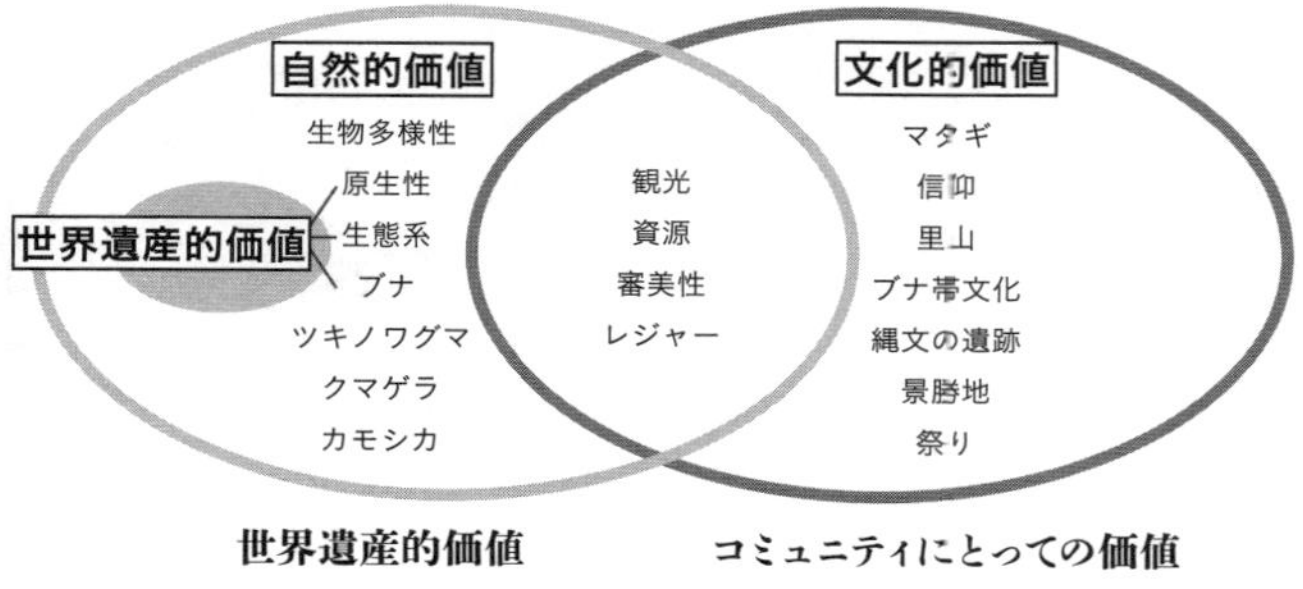

図２　白神山地における自然的価値と文化的価値（外崎 2015）

となった)。アメリカ東海岸のアパラチア山脈のブナ林は、グレートスモーキー国立公園として世界遺産に登録されている。また、世界遺産ではないが、中国南部や台湾にもブナ林があり、とくに台湾のブナ林は、日本人の植物学者早田文蔵博士によって、タイワンブナ(*Fagus hayatae*)と命名されている。太平山などに分布が限られ、5年に1度程度しか結実しないため、IUCNレッドリストでは絶滅危惧II類に分類されている。また、ブナ属とは異なるが、オーストラリアやニュージーランドには、ナンキョクブナ(*Nothofagus*)属のブナを含む森林が、タスマニア原生地域やテワヒポウナムという名称で、先住民の文化と合わせて複合遺産に登録されている。

これら世界のブナ林保護地域を持つ自治体と

白神山地のエコツアーでのひとこま。雪の上でもマタギの知恵でウダイカンバの皮で火を起こす

ガイドはオオバクロモジの枝を使い香ばしいお茶を沸かしてくれた

の交流、とりわけ高校生レベルの相互訪問交流などを通じて、世界のブナ林と比べて、日本のブナ林、白神山地のブナ林がどのような意味を持つのかを実感することが、地域の人々が世界遺産の保全管理に参加するために必要なことなのではないだろうか。

第3章

屋久島

利用と保全の狭間。そして、島民文化の再発見

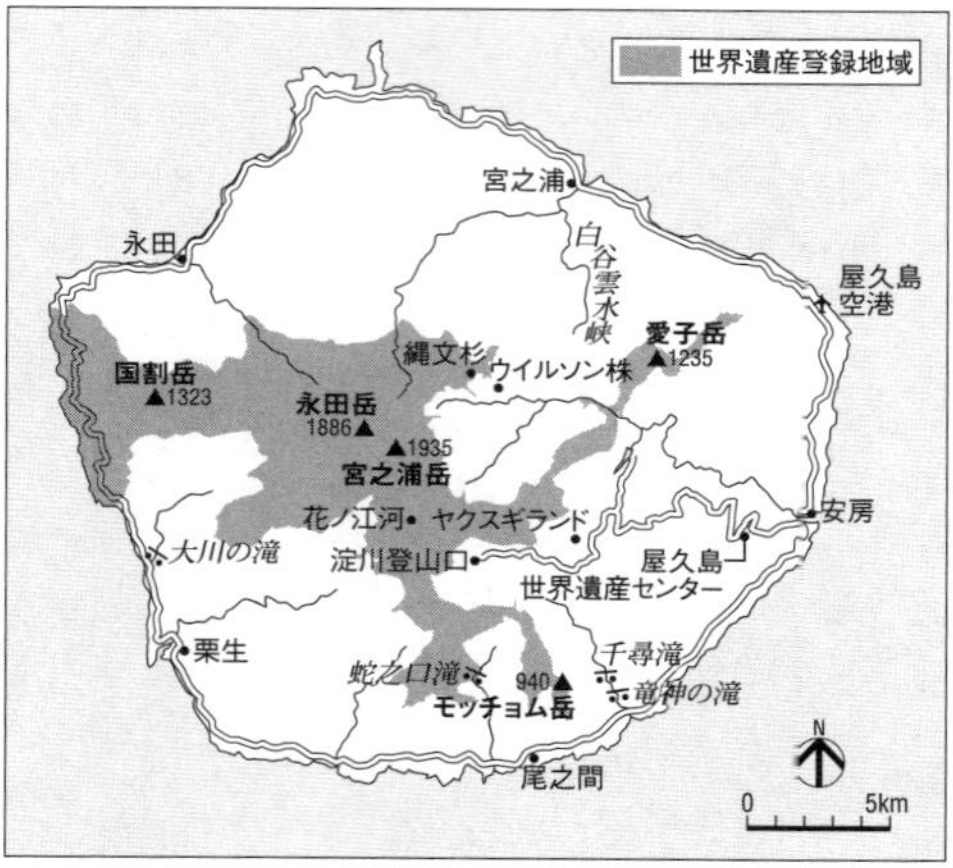

世界遺産データ

遺産名：屋久島（Yaku-shima）
所在地：鹿児島県（屋久島町）
登録年：1993 年 12 月
登録面積：1 万 747ha
評価基準：（vii）自然美・自然現象
（ix）代表的な生態系、進行中の生態学的・生物学的プロセス
国内法：屋久島国立公園、屋久島原生自然環境保全地域、屋久島森林生態系保護地域、国指定鳥獣保護区（花之江河、国割岳、宮之浦岳等）、天然記念物（屋久島スギ天然林、アカヒゲ、アカコッコ、イイジマムシクイ、カラスバト）
世界遺産アウトルック評価：軽微な懸念（Good with some concern）

世界遺産としての価値　——屋久杉の森と植物の垂直分布

屋久島は、1993年12月に白神山地と同時に、世界自然遺産に登録された、我が国最初の世界自然遺産である。屋久島が世界自然遺産として顕著な普遍的価値を認められたのは評価基準（vii）樹齢数千年におよぶ屋久杉の森林の自然美、（ix）亜熱帯から高山帯にいたる植物の垂直分布が見られる生態系の二つの基準による。前者の森林の自然美に関しては、米国のオリンピック国立公園、ヨセミテ国立公園、レッドウッド国立公園の巨木林との比較がなされた上で、巨木林の面積は米国の国立公園の方が上まわっているものの、米国の国立公園とは地理的に異なることと、森林の種組成が豊富であるという理由で、屋久島はスギが優占した生態系の最後の、最良の見本を含み、最上の美観から自然美の基準を満たしていると判断された。生態系の基準に関しては、オーストラリアのタスマニア、コルシカ島のスカンドラ、カナリー諸島のガラホナイなど13の島嶼、国内では西表島、小笠原諸島など14の保護地域との比較が行われた上で、屋久島は生物地理学的には旧北区、東洋区の境界に位置し、植物相の多様性が高く、科学的な価値が高いことから生態系の基準を満たしているという判断をされている。このほかに、（x）絶滅のおそれのある動植物の生息生育地の基準に関しても推薦されたが、4種の固有亜種の哺乳類、4種の固有亜種の鳥類が見られるものの、IUCNレッドリストに記載されている絶滅危惧種はないという理由で、この基準には該当しないと判断された。

このような、屋久杉の森と植物の垂直分布を作り上げた要因として、屋久島が花崗岩でできた山であることと、黒潮の通り道に位置していることの二つを忘れることはできない。

屋久島は、フィリピン海プレートがユーラシアプレートに潜り込む、琉球海溝の西に位置し、周辺はプレートの沈み込みによって生まれた火山に取り囲まれている。しかし、屋久島自身は火山ではなく、プレート境界に発生したマグマが地下深くで固まった巨大な花崗岩の塊である。屋久島を形づくる花崗岩が生まれたのは、日本列島が形成されたのとほぼ同じ、1550万年前のことである。比較的比重の軽い花崗岩は、1000年に1mという速度で隆起して、標高1936mに達する屋久島となった。ここに南から、夏季の水温30度に達する黒潮が流れ、屋久島付近で東に流れる黒潮本流と、北へ流れる対馬海流に分流する。黒潮が運んできた暖かい水蒸気は、九州と台湾の間の最高峰である宮之浦岳に代表される山々に駆け上ると、急速に冷却されて雲となり雨を降らせる。屋久島空港にある測候所での年間降水量は6295㎜、淀川《よどごう》の森林環境保全センターでの年間降水量は1万1718㎜に達する。

「洋上アルプス」とも呼ばれる屋久島の海抜ゼロメートルから2000mに達する標高差と黒潮がもたらす降水量の多さが屋久島を作ったと言っても過言ではない。海岸線付近には、栗生《くりお》川のメヒルギ群落（マングローブ）やガジュマルなどの熱帯の植物が見られ、標高が上がるにつれて、平地

永田岳から屋久島最高峰の宮之浦岳（1936m）を望む、標高 1800m を越えると大きな樹木はなくヤクシマダケに覆われた花崗岩の巨岩が目立つ

1966 年に発見されいまや屋久島を象徴する存在となった縄文杉

から標高1000m付近までスダジイに代表される照葉樹林、標高700m以上になると屋久杉が現れ、標高1800mともなると屋久杉は白骨樹となり、ヤクシマダケやヤクシマシャクナゲが優占する高山帯となる。山頂付近の気候は、北海道の網走に相当する気候だと言われる。

栄養が乏しい花崗岩の上に生育する屋久杉は、成長が遅く、そのため年輪が緻密で、樹脂も多いため、腐りにくく、普通の杉に比べて長生きすると考えられている。山頂付近では、花崗岩が雨に侵食されて、大きな岩の塊のままゴロゴロと転がっている様子が見える。高盤岳《こうばんだけ》のトーフ岩や太忠岳《ちゅうだけ》の天柱石などが有名である。豊富な雨は、花崗岩を穿ち、深い谷を刻み、千尋《せんぴろ》の滝や大川《おおこ》の滝など数多くの滝をつくりだしている。このような屋久島の特徴は、すべて花崗岩と豊富な雨によってもたらされている。

屋久島における自然と人との関わり

屋久島には、旧石器時代の石器や縄文時代の土器などが出土し、古くから人が住み着いていたことが明らかとなっている。日本書紀によれば、7世紀には、掖玖《やく》人（屋久人）、多褹《たね》人（種子人）、阿麻弥《あまみ》人（奄美人）が大和朝廷に朝貢したという記録があり、8世紀には遣唐使の吉備真備《きびのまきび》や唐僧鑑真が屋久島に立ち寄っている。10世紀の延喜式には、益救《やく》神社の名前が記載されている。

桃山時代からはじまる森林伐採の時代

16世紀、戦国時代になると1543年の鉄砲伝来によって種子島の方が注目を浴びる。屋久島の支配は、種子島氏、禰寝氏、島津氏、種子島氏と目まぐるしく変わったが、島津氏時代に定めた屋久島掟条々では、屋久杉の持ち出しを禁じている。その後、豊臣秀吉の命により、京都方広寺建立のため、屋久島が切り出されている。

17世紀、江戸時代となると、島津氏が代官を置き、直轄領とするとともに、栗生、安房《あんぼう》、宮之浦、永田などに御用船が配置され、琉球貿易の拠点ともなった。1640年には、島津氏に仕えた泊如竹《とまりじょちく》が、屋久杉の利用を献策し、その後、屋久杉の伐採が本格化したと言われる。ただし泊如竹の献策は、むやみな伐採を戒めたものとも言われ、その評価は分かれるところである。

18世紀になると屋久杉の伐採抑制のため、漁業が奨励されトビウオ漁が盛んになった。1812年には、伊能忠敬が日本地図作成のため、屋久島を測量している。忠敬が直接測量したのは、屋久島が南限であり、宮之浦には伊能の碑が残されている。

19世紀、明治維新を経て、島津氏が治めていた屋久島の森林は、官有林（国有林）となる。島津氏支配の時代は、島民による生活に必要な薪炭林は共有林とされていたが、国による土地の所有という概念が生まれると、島民が国有土地森林原野下戻法による下戻を申請しても不許可とされる事態が発生する。1904（明治37）年、島民は国有山林下戻を求めて提訴するが、16年にわたる訴訟も虚しく、1920（大正9）年、島民の敗訴が決まる。これを受けて政府は、1921（大正10）年に屋久島国有林経営の大綱（屋久島憲法）を発布して、屋久島国有林においては、島民の生活に配慮して、前岳七千町歩を島民が利用できる扱いとすることとなった。

20世紀に入ると、近代林業技術の発展に伴い、森林軌道が敷設され、屋久杉の伐採が開始される。1922年には、屋久杉学術参考保護林4343haが設定される一方で、安房森林軌道の二事が着工され、1923年には小杉谷まで森林軌道が開通し、小杉谷事業所が設置された。しかし、当時の施業計画では屋久杉高齢樹の生木は禁伐とされ、1924年には屋久島スギ原始林として、4277haが天然記念物に指定されている。このように、大正期には屋久杉の保護と開発が同時に進行して行った。

戦時中、軍需物資として臨時伐採が行われたが、本格的な屋久杉の伐採が行われたのは、1956年にチェーンソーが導入されてからである。1957年の第1次経営計画以降は、屋久杉高齢樹の生木禁伐の定めはなくなり、大面積皆伐が開始される。しかし、縄文杉が発見された1966年をピークに屋久杉伐採量は減少に転じ、1970年には小杉谷事業所は閉鎖される。

しかし、屋久杉の大面積皆伐は、資源がなくってきたから、自然に中止された訳ではない。1960年代に屋久島から東京や大阪に出た若者たちの同窓会である屋久の子会という集まりの中で、皆伐によって禿山となった屋久島をなんとかしたいという話が出る。同窓会は、やがて屋久島を守る会となり、初代代表の兵頭昌明氏や柴鉄生氏らが、屋久杉の即時全面伐採禁止を訴えた。

1970年代からの森林保護の時代

1964年には18950haが霧島屋久国立公園に編入され、1975年には西部の1219haが原生自然環境保全地域に指定される。1980年には1万8958haがユネスコの生物圏保存地域（ユネスコエコパーク）に指定される。

しかし、日本中がバブル景気に浮かれた1980年代、屋久島にもリゾート開発の波が押し寄せた。1988年には、縄文杉にロープウェーを架ける計画も出されるが、日本自然保護協会などの反対で計画はストップした。屋久杉の伐採は中止されたものの、屋久島の森林をどのように活かしたら良いか、地元自治体は暗中模索の状態であった。

平成になると、1989年に屋久町に屋久杉自然館がオープンし、上屋久町からは、スーパーネイチャー屋久島をコンセプトとした林地活用計画が発表される。1990年には、鹿児島県が屋久島環境文化村構想を打ち出し、有識者を集めた環境文化村懇談会が開催された。林野庁が林業と自然保護に関する検討委員会の提言を受け、保護林制度を再編すると、1992年には15185haが森林生態系保護地域に指定された。1993年には、鹿児島県により屋久島環境文化財団が設立され、屋久町、上屋久町の両町により屋久島憲章が採択された。

屋久島の世界自然遺産登録は、このように屋久杉の伐採が一段落して、林業から自然を生かした観光へと島の産業が変化する時代の流れを受けて、屋久島環境文化村構想懇談会の中で提案された。日本自然保護協会の沼田会長とともに屋久島環境文化村構想懇談会に出席していた国立公園協会の大井道夫理事長は、1991年に日本自然保護協会が主催した第1回世界遺産セミナーにも出席し、ユネスコのベルント・フォン・ドロステ博士（初代、世界遺産センター長）から、直接、世界遺産条約の重要性について話を聞く機会があり、会議の席上で屋久島を世界遺産にという提案を行った。

当時、環境庁から鹿児島県に出向していた小野寺浩課長（現、屋久島環境文化財団理事長）は、さっそく屋久島の世界遺産登録を国に陳情し、白神山地とともに世界自然遺産の候補となった。1992年6月の国会で世界遺産条約の批准が承認されると、9月には白神山地、屋久島が最初の自然遺産候補となり、1993年夏の現地調査を経て、1993年12月にコロンビアのカルタヘナで開催された世界遺産委員会において屋久島は世界遺産リストに登録された。

世界遺産登録にあたっての課題 ――いまだ実行されてない拡張

IUCNの評価書では、屋久島の世界遺産としての完全性（Integrity）に関して、三つの疑問が投げかけられている。一つは世界遺産の境界線が西側の一部を除いては尾根状に細長く延びる形をしており、狭いところではわずか1㎞ほどの幅しかないことである。二つ目は国内法による担保は十分だが、行政間の協力関係が十分とは言えないこと。三つ目は、管理計画が未完成であり、観光客の増加への備えができていないことである。

IUCNは、この三つの疑問は、屋久島の世界遺産登録を延期するほどの問題ではないが、日本政府に対して、「将来的な境界線の拡張」と「観光管理に関する特別な章を含む管理計画の策定」を求めている。管理計画については、登録から2年後の1995年には世界遺産委員会に提出されたが、境界線の拡張については、登録から25年経った現在も実行されていない。

1997年に行われたIUCNのフォローアップ調査では、さらに具体的な指摘がなされている。一つ目の境界線に関しては、安房川上流部の主要な屋久杉として、翁杉、ウィルソン株、大王杉、夫婦杉などの名前が挙げられている。また、千尋の滝については、世界遺産地域として管理すべく関係機関の話し合いの場を持つべきという指摘がなされた。二つ目の行政間の協力関係については、地域連絡会議の場に、国県だけではなく町（当時は屋久町と上屋久町）を含めること。三つ目の管理計画については、「現時点での主要課題や目標、行動計画を達成するための工程表でもなければ、開発規制を適用する方法やプロセスを示すものでもない。管理計画は、より詳細を捉えた開発規制や行動計画に移行しなくてはならない」とまで指摘されていた。

これだけ厳しい指摘を受ければ、日本政府としては何らかの対応が求められるが、5年後の

２００２年になって屋久町と上屋久町を地域連絡会議に加える対応をしただけで、境界線の変更は行われず、管理計画の改訂に至っては２０１２年まで待たなければならなかった。

２００３年の定期報告書では、日本政府は「境界線とバッファーソーンは適切である」と回答し、それに対してＩＵＣＮは屋久島について、「１９９３年の登録以来、素晴らしい進展が見られ、熟慮された管理計画と住民参加の管理がなされ、公衆に対する世界遺産の価値に関する教育が行われている。日本政府の努力を賞賛するとともに、ＩＵＣＮの報告書にある提案を考慮されることを奨励する」と日本政府を賞賛している。しかし、２００３年の定期報告書には、屋久島の地図に全島が世界遺産地域のバッファーゾーンと記されており、明らかに事実と異なるため、１９９２年の現地調査や１９９７年のフォローアップ調査を行った担当者が関与していないことは明らかである。そして、１９９７年のＩＵＣＮフォローアップ報告書は、なぜかユネスコ世界遺産センターのアーカイブからも削除されてしまい、２００９年の屋久島世界自然遺産科学委員会資料として配布された翻訳文が残るのみである。このようにして、１９９３年、１９９７年のＩＵＣＮ調査者の厳しい指摘は巧妙に隠されてしまい、日本政府への賞賛ばかりが目立つ結果となってしまった。

２００９年に屋久島世界自然遺産科学委員会が設置され、２０１２年には管理計画が改訂されたが、１９９３年、１９９７年にＩＵＣＮが指摘した課題はいまだに解決されていない。

世界遺産登録後の屋久島の課題 ——利用と保全の狭間

世界自然遺産登録後の屋久島の課題として、上記の境界線・バッファーゾーン問題以外では、山岳地域の利用の在り方の問題、屋久島全体の自然と文化の価値の問題を取り上げてみたい。

世界自然遺産登録後、文化遺産では観光客が急増という話を聞くが、自然遺産の場合、来訪者の増加は登録直後の一時的なものであり、その後は安定または漸減という場合が多い。しかし屋久島に限っては、1993年の登録から2007年頃までは、島全体の来島者数も山岳地域への登山者数も増加を続け、現在は少し落ち着いてきているという状況である。1993年度の来島者数は約20万人、最高を記録した2007年度の来島者数は約40万人で倍増し、2017年度は約30万人となっている。また、縄文杉への登山者は、2000年度が3万人に対して、2008年度がピークで9万人を超え、2017年度は、6万5千人程度となっている。また、宮之浦岳方面への登山者数は、2000年度が1万5千人だったが、2005年度がピークで2万人を超え、2017年度は1万2千人となっている（図3）。

これをみると、屋久島への来島者数は、世界遺産登録時から15年間で20万人から40万人に倍増したものの、その後、減少に転じた。縄文杉および宮之浦岳への登山者も、2005~2008年頃をピークに減少していることがわかる。これに対して、屋久島町観光基本計画では、2020年度の来島者数を35万人とする目標を掲げ、屋久島空港の拡張による羽田空港からの直行便の誘致も検討されている（ちなみに、大阪伊丹空港からは直行便が就航している）。一方で、屋久島町の人口の推移をみると、1960年度の2万4000人をピークに人口減少が見られるものの、世界遺産に登録された1993年以降は、1万3000人台後半で安定的に推移しており、この期間に人口が20％減少した種子島と比べると、世界遺産登録は人口減少に歯止めをかけたと考えることもできる（図4）。

では、来島者や登山者が減少し、安定的な数となったことで、縄文杉や宮之浦岳などの自然環境にはどのような影響が出ているのだろうか？　2017年の夏、荒川登山口〜縄文杉ルートと花山歩道〜永田岳〜宮之浦岳〜淀川登山口の縦走路を歩いてみた。

7月16日、海の日の連休の朝4時30分に安房の

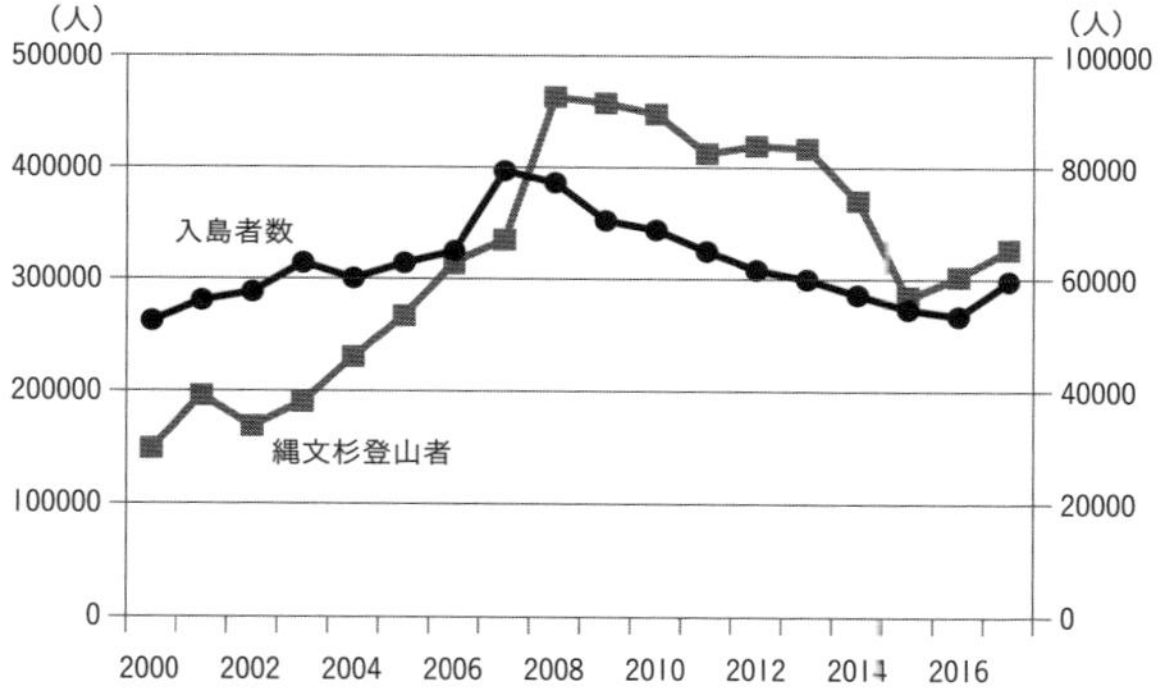

図3　屋久島の入島者数（左）および縄文杉登山者数（右）（環境省）

ホテルを出て、5時に屋久杉自然館の前でシャトルバスに乗り換え、5時30分に荒川登山口に到着。2017年3月から、日帰り登山者1000円、宿泊登山者2000円の環境保全協力金を、シャトルバスの往復券と一緒に支払う仕組みとなっているので、2180円を支払ってバスに乗り込む。荒川登山口には、シャトルバスのほか、ホテルのチャーターバスも到着していたので混雑していた。おにぎりの朝食を簡単に済ませ、ガイド付きの団体が歩き始める前、6時前には歩き始めたので、それほどの混雑は感じることなく歩くことができた。森林軌道に沿って歩くと、途中、楠川歩道への分岐（白谷雲水峡から入るルート）、小杉谷のバイオトイレなどを見ながら、8時前には大株歩道入り口に到着。ここから先は、山道となるため、ここでトイレをすませ、ウィルソン株、大王杉、夫婦杉などを見ながら、10

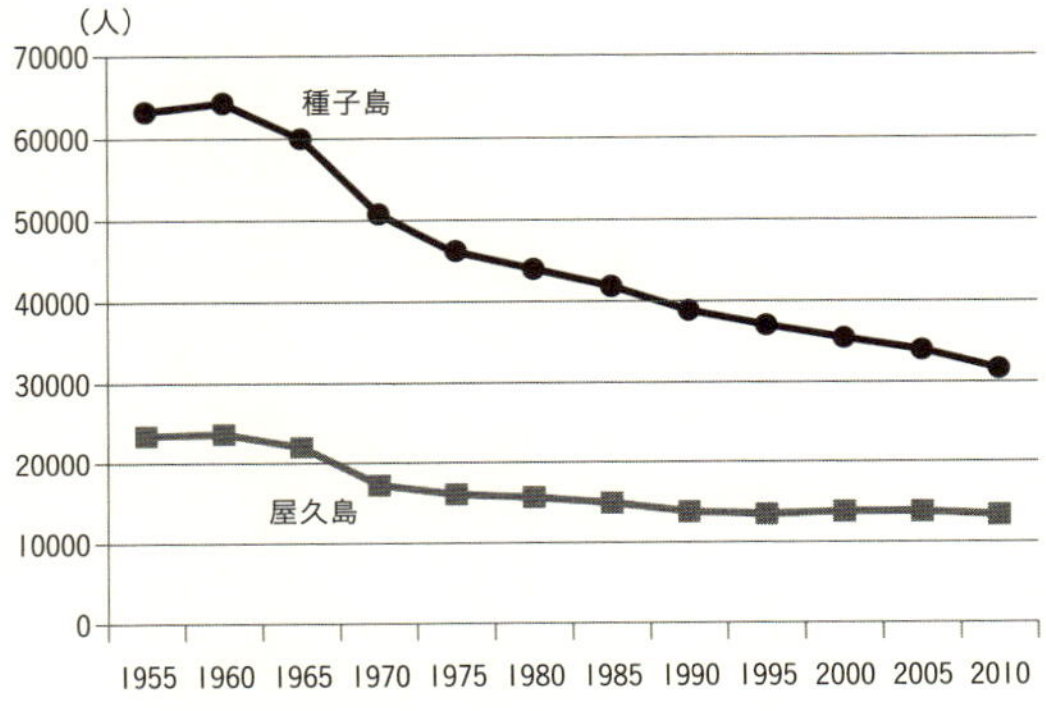

図4　種子島と屋久島の人口の推移

時前には縄文杉に到着した。世界自然遺産に登録された頃は、縄文杉の足元まで近寄ることができたが、現在では縄文杉の根や周囲の土の踏みつけを防ぐため、中央デッキ、北デッキという二つのウッドデッキからの鑑賞となる。ここでしばらく、7月の連休の縄文杉の混雑状況がどのようなものか、観察することにした。お昼頃には、足の踏み場もないほど混雑するのではないかと予想していたが、10～12時30分の2時間30分ほどの間、中央デッキが30人を超える登山者で賑わったのは12時前後だけで、それ以外はほぼ20～30人程度の滞在者数であった。

後で聞いたところ、当日のシャトルバスの乗車数は528人で、これにホテルのチャーターバスの乗車数を加えて669人であった。5月4日の806人に次いで2番目に登山者が多い日であったが、2007年頃には、1日1000人以上という日もあったそうなので、それに比べるとかなり緩和されている。ただ問題なのは、大株歩道入口から縄文杉まではすれ違いができない登山道のため、下山時には登ってくる人に道を譲らなくてはならず、道をはずれて待たなければならないので、徐々に道幅が広がってしまうことである。この点に関しては、世界遺産登録後に整備された木道が、そろそろ再整備の時期を迎えることから、何からの工夫が求められるだろう。

宮之浦岳縦走路へは、夏休みのお盆過ぎの8月18～19日に訪れた。やはり、4時30分に安房のホテルを出て、5時30分には花山登山道の入り口に着き、朝食を済ませて6時には歩き始めた。12時頃、花山広場で昼食をとり、16時30分に鹿ノ沢小屋に到着する。ここで、初めて携帯トイレブース

縄文杉への登山道の途中にあるウィルソン株。豊臣秀吉が大阪城または京都方広寺のために伐採を命じたと言われる。大正 3 年、米国の植物学者アーネスト・ウィルソンが発見した

縄文杉を鑑賞するウッドデッキ、現在では昼頃でも 20~30 人程度の人数におさまっている

を使って用を済ませる。屋久島では携帯トイレは必ずリュックに入れるようにしている。日帰りでは使うチャンスがなかったが、今回は山小屋泊なので初めて使ってみた。一度、使ってみると、それほど抵抗なく使えるし、外側にポケットがついているタイプのリュックであれば、そこに収納すればよいので、衛生上も問題はない。しかし、鹿ノ沢小屋の携帯トイレブースは、山小屋のすぐ隣にあるテントの形式で、みんなが夕食の準備をしている中で用を済ませるのは、女性には抵抗があったようだ。花之江河湿原などには木造の携帯トイレブースができているが、このようなしっかりしたつくりであれば抵抗はないのではないかと思う。翌朝4時に起床し、5時30分に永田岳を目指して登山道を登り始める。永田岳、宮之浦岳、栗生岳をへて、扇岳への分かれ道付近で昼食をとる。花之江河湿原、小花之江河湿原を経て、淀川登山口に着いたのは18時30分になってしまった。リュックのサイドポケットに入れてきた携帯トイレは登山口のボックスで回収する。

二日間の行程で、すれ違った登山者は、わずか10名ほどであり、縄文杉ルートとは異なり、距離の長い登山道を縦走する人は、むしろ減少している。途中で気づいたのは、永田岳への登山道、栗生岳から扇岳への分かれ道に下る登山道の土壌侵食が進み、著しく歩きにくいことだ。深く掘れた登山道の断面をよく観察してみると、6000年前の鬼界カルデラの噴火によるアカホヤと呼ばれる火山灰層が登山靴による踏み付けや雨によって浸食されると、その下は花崗岩が風化した真砂土と呼ばれる層が露出する。屋久島の花崗岩は地中深くでゆっくりと固まり、正長石と呼ばれる数センチの長方形の長石を含む。雨が降ると正長石が洗濯機の中に石を入れたかのように、ぐるぐると周囲の真砂土を削って、登山道に数メートルの段差を作ってしまう。そのため、一度、この状態になってしまうと、登山者数が減少したとしても、正長石が登山道を削り続け、かつての登山道が深い溝になってしまう。環境省でも石を入れた蛇籠を設置するなどして、浸食防止対策をとっているが、浸食の速さに追いついていない。

屋久島は、2005〜2008年頃をピークに、来島者数、登山者数ともに落ち着いて、著しい混雑はなくなったが、過去の遺産、すなわち登山者数が著しく多かった時期の負の影響が現在も続いており、これ

(上) 花之江河湿原の近くに設置された携帯トイレブース
(下) 淀川登山口に設置された携帯トイレ回収ボックス。登山者は登山口まで携帯トイレを持ち帰る

携帯トイレブースの中では座椅子に携帯トイレを取り付けて使用する

に対する対策をとらない限り、登山道の荒廃は永続的に続くことになる。

現在、環境省が中心となって、屋久島山岳部の利用のあり方に関する検討が行われているが、世界遺産登録25周年という時期にあたり、世界遺産にふさわしい、深い自然体験ができる島にするため、抜本的な対策をとる時期にきているのではないだろうか。

自然遺産に人の営みを組み込む

もう一つの屋久島の課題は、本書のテーマでもある、自然遺産における人と自然との関係である。

世界遺産推薦のきっかけとなった、屋久島環境文化村構想では、屋久島を奥岳（保護ゾー

永田岳から栗生岳への登山道はかつての踏圧と花崗岩の風化による土壌流出のため深掘れしている

ン）、前岳（ふれあいゾーン）、集落（生活文化ゾーン）という三つにゾーニングし、環境と共生する文化を島の魅力として打ち出す計画が立てられていた。ところが、世界自然遺産に登録されると、IUCNが評価した屋久島の自然的価値にのみ注目が集まり、屋久島の歴史に育まれた、人と自然との関係の価値が見失われて行った。屋久杉自然館の館長を務めた写真家の日下田紀三氏は、「世界遺産になったら、自然の評価のみで、人間の要素が忘れられ、唖然とするとともに、がっかりした。世界遺産になったが故に住民との乖離が広がった」と述べている。

これに対して、住民が中心となって、人と自然との関係を紡ぎ直そうとする動きが出ている。その一つが「岳参り」の復活であり、もう一つが「里めぐりツアー」、最後が「屋久島学ソサエティ」の動きである。

岳参りは、春秋の2回、麓の集落の人々が、トコロガンと呼ばれる代表を決めて、永田岳、宮之浦岳、栗生岳に登山し、山頂の祠に祀る御岳の神を拝む風習であり、18の集落で行われてきた。トコロガンに選ばれた青年は、海水で身を清め、海辺の砂や海水で清めた石を持って御岳に供え、山の土産として、シャクナゲやビャクシンの枝を持ち帰る。集落の遥拝所まで下山すると、集落の人々がトコロガンを迎える坂迎えという歓迎の儀式が行われる。しかし、岳参りの慣習は、世界遺産登録時には、大きな集落では失われ、小さな集落で細々と行われる状態となっていた。

滅びかけていた岳参りを復活させる活動を続けてきた宮之浦岳参り伝承会の中川正二郎氏は、

「日本人が持っていた自然に対する思想は、この（岳参り）の中に色濃く残っている」と述べている。岳参りの復活は、屋久島における人と自然との関係の再生にもつながっている。

里めぐりツアーは、観光客に縄文杉や白谷雲水峡などのコースだけではなく、屋久島の文化にもふれてもらおうと、屋久島環境文化村財団の呼びかけで、永田、吉田、一湊、宮之浦、春牧、平内、中間の7集落で行われている。

2018年1月、NHKの朝ドラ「まんてん」の舞台ともなった吉田集落の里めぐりツアーに参加した。里めぐりツアーでは、集落の歴史や文化に詳しい、語り部と呼ばれる方が案内してくれるが、この日は区長の近間十九二さん、田中武治さん、田中秀志さんの3名が案内してくれた。吉田集落は、平家の落人伝説の残る集

永田岳の山頂には麓の集落の人々が年2回岳参りを続ける祠が祀られている

落で、壇ノ浦の合戦のあと、硫黄島に逃れた平氏が向かいに見える屋久島に吉田集落を築いたのが集落の始まりと言われる。代々、日高一族が守ってきた日高神社、集落の氏神である森山神社を訪れ、森山神社では岳参りが途切れずに続いていたことを知った。集落の道の真ん中にある岡エビスは、5～6月に始まるトビウオ漁の安全を祈願する神様である。下の浜に降りると、正月7日に行われる鬼火焚きの跡を見せてもらった。このように、集落の歴史と文化を知ることができる里めぐりツアーは、屋久島の人々がどのようにして自然と関わってきたかを学ぶには最適なツアーだと言える。

屋久島学ソサエティは、世界遺産登録20周年の2013年、屋久島の住民と屋久島をフィールドとする研究者の交流の場として誕生した。研究者が研究成果を島民に伝えるというだけでなく、屋久島の住民も一緒に学び合うことで、地域社会に研究成果を還元することを目指している。会長は京都大学霊長類研究所長の湯本貴和氏が、副会長と事務局を屋久島にすむ手塚賢志・律夫妻が務めている。手塚賢志氏は、「研究者は研究成果が地元に還元されているかが問われ、また地元も研究者と交流することで気づくことも多い」と話している。屋久島学ソサエティは、毎年、大会を開催するとともに、その成果を会誌「屋久島学」として発行している。

屋久島学はさらに、屋久島ガイドの「屋久島学検定」にも結びついている。エコツーリズム推進協議会ガイド部会が、「屋久島学」のテキストを作成し、屋久島学ソサエティの研究者が監修した上で、ガイドが最低限知っておくべき、屋久島の歴史や自然環境など、自然と文化にまたがる知の体系がまとまろうとしている。この屋久島学は、ガイドの育成のみならず、地元の子どもたちが、ふるさとの自然と文化を学ぶテキストとしても、大きな役割を果たすに違いない。

岳参り、里めぐりツアー、屋久島学に共通するのは、これらが地域の人々が主体となって、屋久島の価値を見直す活動であるという点である。世界自然遺産登録が、トップダウンで決められたのに対して、屋久島にすむ人々が屋久島における人と自然との関係性の歴史を学び、それを将来世代に伝えてゆこうとする取り組みによって、はじめて屋久島の自然と文化の価値が認識されるのではないかと思う。

屋久島の将来

2016年、屋久島生物圏保存地域（ユネスコエコパーク）は、屋久島全域と口永良部島に拡張され、面積は核心地域1万2359ha、緩衝地域2万137ha、移行地域4万5700ha、合計7万8196haとなり、世界自然遺産地域の7倍以上に及ぶ広いユネスコエコパークが誕生した。世界遺産の知名度があまりに高く、生物圏保存地域は同じユネスコの事業でありながら、日本ではよく知られていない。しかし、世界遺産が顕著な普遍的価値の保存を主目的としているのに対して、生物圏保存地域は核心地域における生態系保護と同時に、移行地域における持続可能な開発のモデルとすることを目指している。世界遺産が生物多様性に重点があるとすれば、生物圏保存地域は生物文化多様性に注目して、人と自然の関わりを維持することを目指している。

これまで、屋久島における世界自然遺産の課題とその周辺地域における人と自然との関係の再生の努力を説明してきたが、生物圏保存地域のしくみを使えば、これらの努力は生物文化多様性の維持という一つの方向性にまとまる可能性がある。

屋久島町環境政策課の木原幸治氏は、「生物圏保存地域の認知度は、世界遺産に比べて低いが、自然保護と地域振興という2つを両立すると

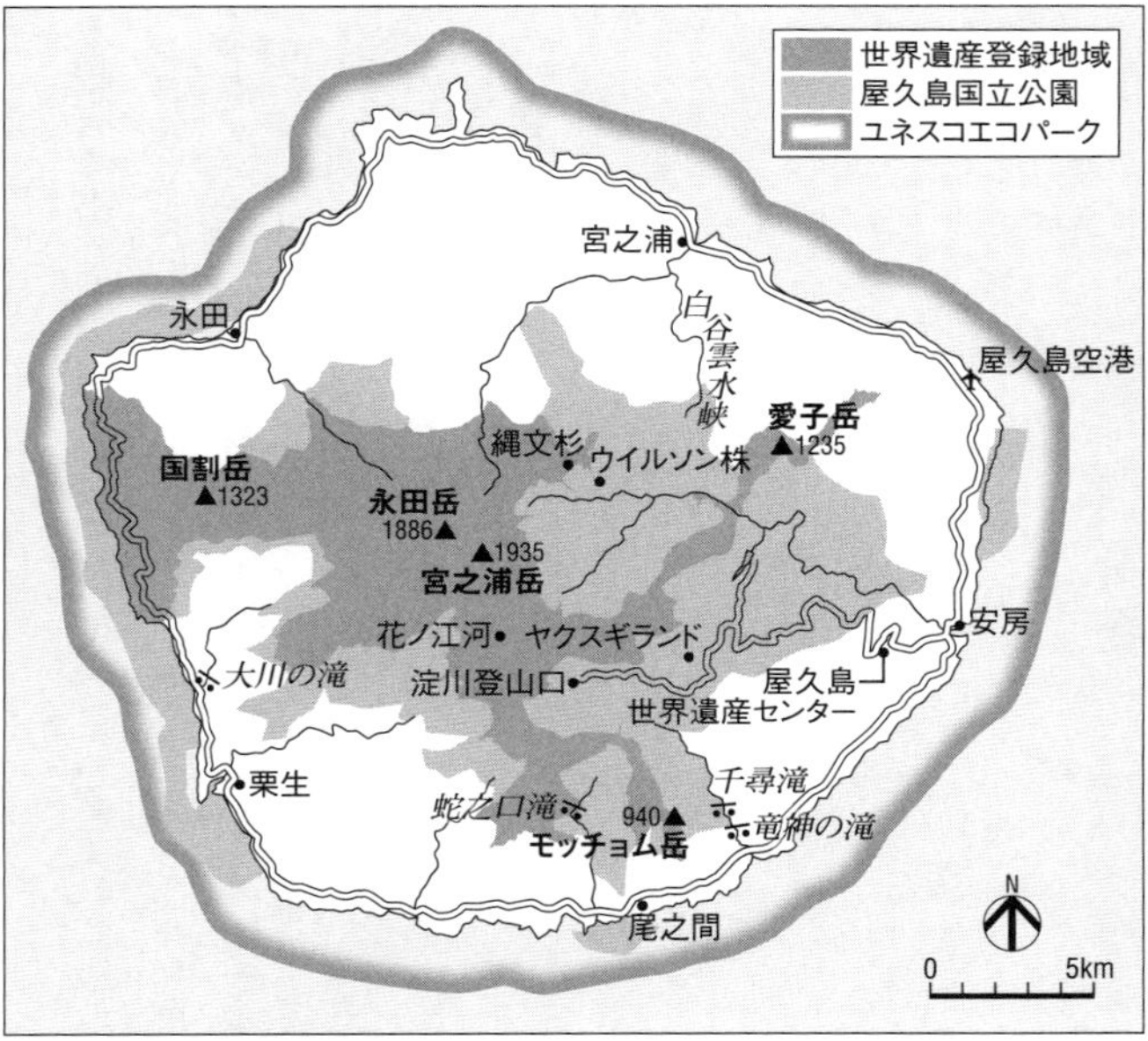

図5 ユネスコエコパーク指定範囲

いう明確なビジョンを持っている」と期待している。

ＩＵＣＮが、１９９３、１９９７年に日本政府に出した課題を解決し、世界自然遺産の登録地域やバッファーゾーンを拡張し、自然遺産における文化的価値、人と自然との関係を生かした発展をはかるには、世界自然遺産とユネスコエコパークに共通した管理計画を作ることが、その第一歩になりうると考えられる。

第4章 知床

世界的なモデルとしての自然遺産管理

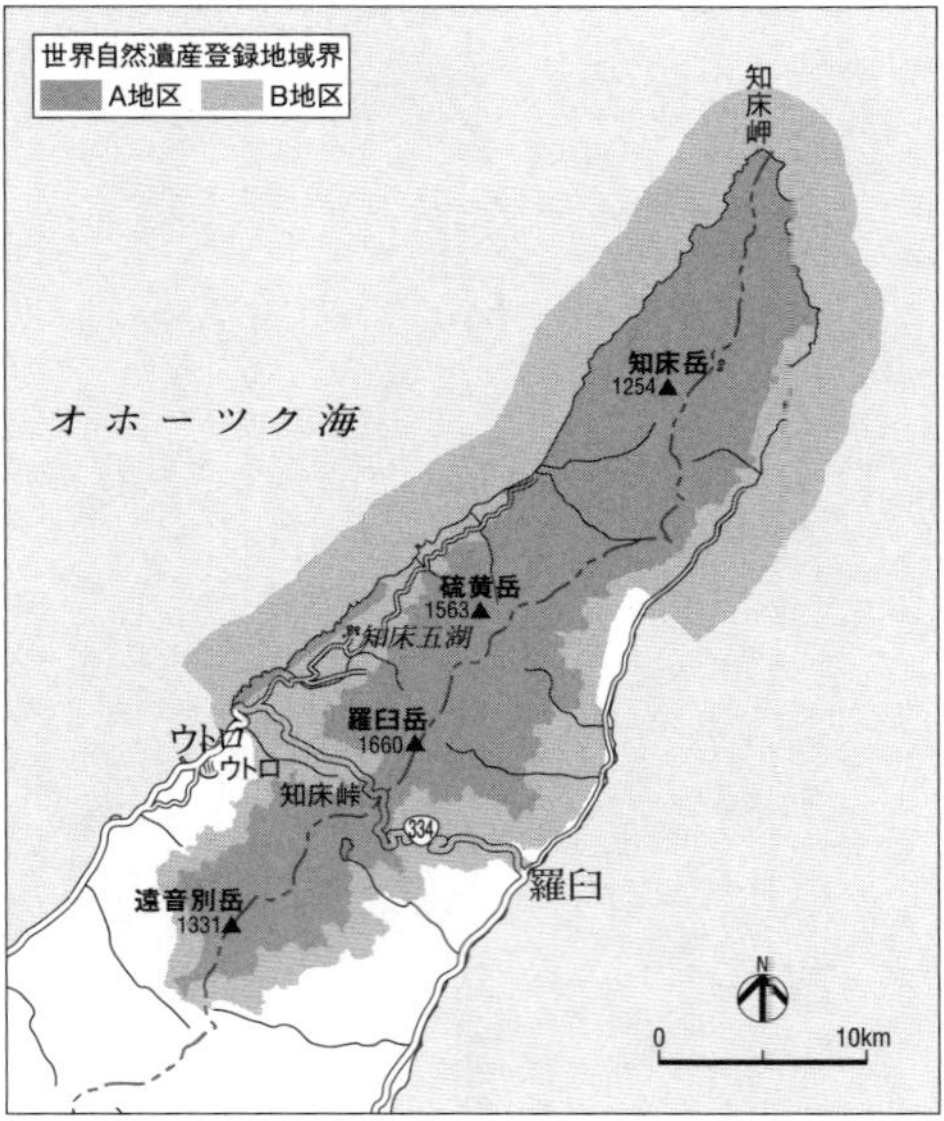

世界遺産データ

遺産名：知床（Shiretoko）
所在地：北海道（斜里町、羅臼町）
登録年：2005年7月
登録面積：7万1100ha（陸域4万8700ha、海域2万2400ha）
評価基準：（ix）代表的な生態系、進行中の生態学的・生物学的プロセス
（x）絶滅危惧種を含む生物多様性の現地保存に重要な生息生育地
国内法：知床国立公園、遠音別岳原生自然環境保全地域、知床森林生態系保護地域、知床鳥獣保護区、天然記念物（シマフクロウ、オジロワシ）
世界遺産アウトルック評価：軽微な懸念（Good with some concern）

第3の世界自然遺産 ――国内の世界自然遺産候補地の検討

1993年に屋久島、白神山地が世界自然遺産に登録されて以降、文化遺産については毎年1件ずつ登録が続いていたが、自然遺産に関しては、第3の自然遺産候補地を決めることができず、10年近い時間が経過していた。富士山をはじめとして、世界自然遺産を目指す民間からの動きはあったものの、環境庁や林野庁が積極的に候補地を探すという動きは見られなかった。

2000年にオーストラリアのケアンズで開催された世界遺産委員会では、世界遺産推薦数が60件を超え、各国からの推薦数を毎年1件以内とするなど、世界遺産リストを信頼性と均衡性と代表性をもったリストとするため、新たな登録に制限をかける動きが出てきた。自然遺産に関しては、文化遺産に比べて数が少ないため、文化遺産1に加えて自然遺産1を登録することが認められていたが、あらかじめ暫定リストを提出することが義務づけられた。文化遺産の場合、文化審議会において暫定リストを作成し提出済みであったが、自然遺産については国内の暫定リストが存在せず、このままでは第3の世界自然遺産は推薦できない事態に陥っていた。

2001年、中央省庁再編によって環境庁が環境省になり、かつて屋久島を世界自然遺産登録に導いた小野寺浩さんが審議官に就任すると、再び、世界自然遺産登録の機運が高まってきた。小野寺さんは、2002年に新生物多様性国家戦略をまとめると、2003年には国内の世界自然遺産候補地に関する検討会を開催し、国立公園のみならずあらゆる国内の自然地域を精査して、今後世界自然遺産候補として推薦できる地域を学術的な見地から検討した。

2003年の世界自然遺産候補地に関する検討会は、環境省と林野庁の共同開催で、岩槻邦男放送大学教授（当時）が座長となり、動植物、地形地質、海洋などの分野の専門家から構成され、私は自然遺産の専門家として検討会に加わった。

検討会では、日本国内の自然遺産候補地を学術的見地から検討するため、自然環境保全地域、自然公園、森林生態系保護地域などの既存の保護地域やまだ保護地域となっていない重要な生態系を含む母集団から、詳細検討対象地域を絞り込み、そこから国内の自然遺産候補地を選定する作業が行われた。

母集団には、950の保護地域、2000の重要生態系、1万5000の重要地形が含まれているが、この中から面積、人為的改変を考慮して絞り込みを行った。世界自然遺産の多くは、1万haを超える面積を有し、道路や森林伐採などの人為的影響が少ない場所に設定されていることが多い。小さいものでは、フタゴヤシの生育地であるセーシェルのバレ・ド・メのように、わずか20haという小さな自然遺産もあるが、これは世界でもここだけという天然記念物的な指定であり例外的である。そこで検討会では、面積が5000ha以上という下限を決め、それより広い面積を有する152の自然地域と42の地形を選び、島嶼地域に関しては一つ一つの面積が小さくても重要だと思われるものは残した。

次に、この中から詳細に検討する地域を絞り込み、19地域が選ばれた。ここで、IUCNが自然遺産の比較評価を行うため用いているウドゥバルディの生物地理区分（1975）を用いて、地理区分ごとに国内外の候補地との比較検討を行った。ウドゥバルディの生物地理区分はもともとユネスコの人間と生物圏（MAB）計画に基づく生物圏保存地域（ユネスコエコパーク）を世界の生態系を代表するものとしてバランスよく配置するために作成されたものだが、自然遺産の比較検討にも用いられている。それによれば、日本には北から、満洲・日本混交林区、東アジア落葉樹林区、日本常緑樹林区、琉球諸島区、ミクロネシア区の五つの生物地理区が存在する（ウドゥバルディは、八重山諸島を台湾生物地理区という、琉球諸島とは別の生物地理区に分類しているが、これは奄美・琉球諸島の世界自然遺産登録で思わぬ問題を引き起こすことになる。これについては、第6章で説明する）。

例えば、満州―日本混交林区からは、国内の自然遺産候補として、利尻・礼文・サロベツ国立公園、大雪山国立公園、阿寒国立公園、知床国立公園、日高山脈襟裳国定公園の五つが挙げられた。しかし、満州―日本混交林区には、中国東北地方やロシア沿海州も含まれ、この地域にある自然遺産や自然遺産候補地として挙げられている地域との比較が必要となる。

なぜなら、2001年にロシアの沿海州にあるシホテアリン中央部（40万6177ha）が世界自然遺産として登録されており、IUCNの評価書には、同じ満州―日本混交林区にある、中国黒龍江省の長白山、北海道の大雪山国立公園・知床国立公園との比較が書かれているからである。長白山（2691m）はシホテアリンより標高が高いが、300m以下の低標高の森林植生や海岸植生を欠いている。知床は、海岸植生を有しているが、その面積は国立公園と隣の遠音別原生自然環境保全地域を合わせても2万5460haであり、シホテアリンの1・6%に過ぎないと書かれている。

このような比較検討の上、日本の五つの生物地理区分のうち、まだ世界自然遺産が存在しない、満州―日本混交林区の知床、ミクロネシア区の小笠原諸島、琉球諸島区の琉球諸島の3カ所を、現在の知見から世界遺産条約が求める顕著な普遍的価値の条件を満たす可能性がある候補地として選んだ。これを受けて日本政府は、国内の保護地域となっていることなど、条件の整っている地域から順に推薦作業に入った。小笠原諸島は、すでに国立公園に指定されているものの、外来種対策と希少種保護に関してある程度の成果を上げない限り、推薦は時期尚早と考えられた。琉球諸島は、西表島が国立公園に指定されているものの、奄美群島、沖縄北部は海岸部が国定公園に指定されているのみで、国内法による担保が十分ではなかった。そのため、3カ所のうち、もっとも準備が整っていた知床が、日本国内で3番目の世界遺産候補地となったのである。

羅臼町から知床連山を望む

知床五湖は知床の中でも最も人気の高いスポットである。地上歩道と高架木道の二つのコースが設けられている

世界遺産としての知床の価値
――流氷が育てる豊かな海と野生動物

知床を推薦するにあたっては、すでにロシア沿海州のシホテアリン中央部が満州―日本混交林区から世界遺産リストに登録されており、知床の10倍近い面積があるため、シホテアリン中央部とは違った価値を説明する必要があった。

そこで注目されたのがオホーツク海の流氷である。オホーツク海の流氷は、シベリアの寒気が吹き降ろす、アムール川の河口域など塩分濃度が低い海域で生まれ、東樺太海流によってオホーツク海の南部に運ばれてくる。オホーツク海の北部が流氷に覆われるようになると、樺太付近でも海が凍り始め、そこで生まれた流氷は知床半島にまで流れてくるようになる。しかし、大陸と樺太の間にある間宮海峡は狭いため、暖流が流れる日本海にはオホーツク海の流氷は流れ込むことがほとんどない。シホテアリン中央部と知床半島との大きな違いは、流氷がくる海域にあるかどうかの違いである。

流氷は、河川水を含んだ水が凍ってできるため、栄養分が豊富である。流氷の下では、アイスアルジーと呼ばれる藻類が、氷を通して届く太陽光をエネルギーにして繁殖を始め、春になって流氷が溶け出すと、植物プランクトンを食べるオキアミなどの動物プランクトンが大量に発生する。それを食べる魚類、魚類を食べるアザラシ、それを捕食するシャチといった、海の食物連鎖が生まれる。ヒゲクジラ類は、動物プランクトンを直接捕食し、オオワシなどの猛禽類は、魚類を捕食する。秋に知床の海岸を歩くと、シロザケやカラフトマスなどのサケ科魚類が、産卵のため河川を遡ろうと群れをなしているのを見ることができる。

サケやマスは、知床半島の河川を遡上し、産卵後、その一生を終える。ヒグマやシマフクロウにとって、産卵のため遡上するサケやマスは、格好の食料であり、ヒグマによって陸上に引き上げられたサケの遺体は、森林に栄養分をもたらすという研究もある。このように、知床では、海の生態系と陸の生態系が連続性を持っており、それは流氷によってもたらされる栄養塩が出発点となっているると言える。

「流氷に始まる海の生態系と陸の生態系の連続性」という知床の価値（評価基準ⅸ）は、このようにして認識されるようになった。

もう一つの知床の価値は、絶滅危惧種の生息地であること（評価基準x）である。知床には、固有種と言えるのはシレトコスミレ（北方四島でも見つかっている）くらいであるが、世界的な絶滅危惧種であるオオワシは、全世界の個体数５０００羽のうち、40％にあたる２０００羽が知床半島で越冬した記録もある。このほか、オジロワシ、シマフクロウなどは、北方四島でも繁殖しているが、知床半島は重要な生息地となっている。これらの理由から、知床は自然遺産の評価基準x（生物多様性）で登録された、日本で唯一の世界自然遺産となっている。

知床の世界自然遺産推薦にあたっては、評価基準（vii）の自然美・自然現象を使って、知床半島の海岸の自然美も知床の価値として推薦したが、これについては国・地域レベルであり、顕著な普遍的価値はないと判断された。何を美しいと感じるかは、それを感じとる人間の感性の問題であり、日本人と欧米人では異なる点もある。屋久島と白神山地を評価したカナダ人のジム・トーセル氏は、中国の黄山の評価を行った際に、雲一つない好天に喜んでいたところ、中国人の関係者から、雲も霧もない天気で申し訳ないと言われ、とても驚いたという体験を語っている。山水画を見たことのある人なら理解できると思うが、黄山の美しさは、巍々たる山に霧がたなびき、岩場から黄山松がくっきりと浮かび上がる山水画のような風景が美しいのであって、雲も霧もない好天ではまったく風情がない。このように文化によって異なる自然美を、欧米人のものさしで判断することは無理があるのではないかと思う。

世界遺産登録時に指摘された課題
――その後のモデルとなった知床方式

２００４年１月末には、知床の世界自然遺産推薦書は、世界遺産センターに提出され、同年7月20日〜26日にかけてＩＵＣＮのデビッド・シェパード氏による現地調査が行われた。現地調査は滞りなく終わったが、まもなく8月には現地調査の礼状とともに、ＩＵＣＮから日本政府に対する質問が届いた。

一つ目は、海域の保護に関する指摘である。推薦地域のうち、海域部分は海岸から１㎞の範囲であり、しかも国立公園のゾーニングとしては最も規制の弱い普通地域であった。また、知床の沿岸では、長きに亘って、サケ、スケトウ

絶滅危惧種のオオワシ。繁殖地はシベリア、カムチャツカだが、知床には5000羽のうち2000羽が越冬する

ダラをはじめとする漁業が行われており、近年はスケトウダラの資源量の減少が問題となっていた。スケトウダラは、ＩＵＣＮのレッドリストにも掲載されているトドの餌資源であることから、ＩＵＣＮからの書簡にも懸念が表明されていた。そしてＩＵＣＮは推薦地域の海洋部分の保護レベルを高めるとともに、スケトウダラなどの主要な魚類の保護のため、漁獲禁止区域を含む海洋保護区の設定を求めてきた。２００３年に南アフリカで開催した世界国立公園会議の中で、ＩＵＣＮは地球上の陸地の10％を保護地域とするという目標を上回る12％を保護地域とした一方で、海域の保護地域はわずか2％程度に過ぎず、２００４年にマレーシアで開催された生物多様性条約締約国会議に、海洋保護区の充実を含む目標を提案したばかりであった。

二つ目は、知床の河川に設けられている数多くの砂防堰堤などの河川工作物がサケの遡上を妨げているという指摘である。ＩＵＣＮは将来的な河川工作物の撤去や魚道の設置などを求めてきた。海の生態系と陸の生態系との連続性を知床の価値として推薦した以上、ＩＵＣＮの指摘は痛いところをつかれた形になった。

２００４年11月には、日本政府からＩＵＣＮに対して質問に対する回答書を提出した。海域の保護に関しては、多利用型統合的海域管理計画（multiple-use integrated marine management plan）を作成し、漁業と海洋生物の保護の両立を図るという計画を示した。また河川工作物に関しては、推薦地域にある44河川について、サケ・マスの河川工作物による影響評価を実施すると回答した。

2004年12月にIUCN本部で開催された世界遺産パネルでは、日本政府の回答書について検討が行われ、その結果、2005年2月にIUCNからさらなる要求が届いた。海域の保護に関しては、海洋管理計画の策定を急ぐこと、推薦地域の海洋部分を十分に拡張することの2点であり、3月末までにユネスコ世界遺産センターへの回答を求めるものであった。

相次ぐIUCNからの要求に、日本政府は短時間の対応を迫られた。知床の漁民からは、新たな漁業への規制は行わないということで世界遺産登録に賛成したのに話が違う、世界遺産登録には賛成できないという声まで出てきた。

これにはIUCNのデビッド・シェパード氏が、書簡の中でモデル的な海洋保護区として紹介したオーストラリアのグレートバリアリーフでの情報が、新聞等を通じて日本にも紹介されたことも影響している。

これまでグレートバリアリーフは、海域の3%のみが国立公園であり、それ以外では、ゾーンごとにルールを決めてレクリエーションフィッシングや漁業が行われていた。しかし、2003年にグレートバリアリーフの33%を国立公園とする決定が行われ、漁業が可能な海域が減少した結果、多くの漁民が職を失ったとの報道が知床にも伝わってきたのである。

漁業者との話し合いの結果、日本政府は多利用型統合的海域管理計画の詳細を説明するとともに、世界自然遺産推薦地域を海岸線から3㎞まで拡張し、総面積も5万6100haから7万1100ha

に拡張することを世界遺産センター長に伝えた。

この結果、IUCNの知床の評価は「登録勧告」となり、2005年7月に南アフリカで開催された世界遺産委員会において、世界遺産リストに登録された。この際、以下のような決議が採択されている。

- 2008年までに海域管理計画を策定すること。その中では海域保全の強化方策と海域部分の拡張の可能性を明らかにすること。
- 遺産地域の海域部分の境界線を海岸線1kmから3kmに拡張するための手続が法的に確定した段階で、境界線を示した地図を世界遺産センターに送付すること。
- サケ科魚類へのダムによる影響とその対策に関する戦略を明らかにしたサケ科魚類管理計画を策定すること。
- 評価書に示されたその他の課題（観光客の管理や科学的調査）に取り組むこと。
- 登録後2年以内に、海域管理計画の履行の進捗状況と遺産地域の海洋資源の保全効果について評価するための調査団を招くこと。

この決議を受けて日本政府は、2005年12月には国立公園の境界線を海岸線から3kmまで拡張し、科学委員会の海域ワーキンググループ、河川工作物ワーキンググループが中心となって、海域管理計画や河川工作物によるサケ科魚類への影響について検討を行った。

登録後2年以内というと、2007年7月ということになるが、調査団は流氷の状況を確認したいという希望を示したため、2008年2月にフォローアップ調査が行われた。訪問したのは、IUCNのデビッド・シェパード氏とユネスコ世界遺産センター長のキショー・ラオ氏であった。

IUCNとユネスコの調査団が訪れた2008年は、流氷の接岸が遅く、また流氷の量も少ない年であり、調査団は日本政府の熱心な取り組みを評価しつつも、地球温暖化による流氷の減少が知床の生態系に与える影響について懸念を抱いた。そのため調査団は、知床世界遺産の価値に対する気候変動の影響を最小限に留めるための順応的戦略を含む気候変動戦略を策定することなど、17項目の勧告を行った。

2008年にカナダで開催された世界遺産委員会では、日本政府から提出された保全状況報告書と調査団の報告書に基づいて、以下のような決議が採択された。

- 海域の保全に関しては、国際海事機関（IMO）との協力で特別敏感海域（PSSA）の指定を検討、海域管理計画と陸域管理計画の統合、禁漁区の設定の検討、スケトウダラの持続可能な漁獲についてロシアとの協力
- 河川工作物に関しては、ルシャ川の河川工作物の改良などサケ科魚類の遡上個体の増加とモニタリング
- シカによる植生への食圧のモニタリング

・エコツーリズム戦略の策定
・気候変動戦略の策定
・2012年までにこれらの実施状況を世界遺産センターに報告する

これを受けて、科学委員会はさらなる検討を行い、とくにエコツーリズムに関しては、エコツーリズム検討会議を設定して、エコツーリズム戦略を策定した。2012年にロシアで開催された世界遺産委員会では、海域の保全に関してはトドの個体数・捕獲数の報告、河川工作物に関しては、ルシャ川の河川工作物の改良を行い、2015年までに実施状況を報告することが求められ、2016年には新たな保全状況報告書を提出している。

このように、知床ではさまざまな分野の科学者からなる科学委員会を設置し、世界遺産委

エゾシカは知床の在来種だが、個体数が増えすぎて森林にも影響が出ている

員会やＩＵＣＮからの質問やリクエストが届くたびに、専門家の意見を聞いて対処するというやり方を整えたことがと大きな特徴である。そして、ＩＵＣＮや世界遺産委員会との文書のやりとりは、全て知床データセンターのウェブサイトで公開されている。このやり方は知床方式と呼ばれ、小笠原諸島にも引き継がれ、屋久島、白神山地にも科学委員会が設置されるなど、他の世界自然遺産にも大きな影響を与えた。

知床における人と自然との関係 ――漁業とエコツーリズムの相克

知床は、あまりに厳しい気候のために、人が住まない原生自然であると思われがちだが、実は縄文時代から人が住み、生活してきた歴史がある。北海道は、今でこそ日本最大の稲作地帯となっているが、日本列島のような弥生時代は存在しない。縄文時代に続く続縄文文化（7世紀頃まで）、擦文時代（14世紀頃まで）には、樺太から南下してきた民族がオホーツク沿岸に住み、クジラやアザラシを捕獲するオホーツク文化（6世紀から11世紀）の遺跡を残している。

その後、羅臼町のトビニタイ遺跡に代表されるトビニタイ文化を経て、アイヌ文化の時代に移行する。江戸時代には、シレトコ（知床岬）、ルシャ、ウトロなど現在の世界遺産地域の中にも、アイヌの集落があったことが記録されている。シレトコという地名も、アイヌ語の「地の果て」を意味する言葉から来ている。

知床の硫黄山は良質の硫黄を産出することで知られているが、明治から昭和初期にかけて硫黄の噴出を伴う噴火があり、硫黄採掘が盛んに行われた。漁業に関しては、明治期から、ルシャ、ホロベツ、ウトロにサケ・マスの建網場が設置された。農業に関しては、大正期に入ってから岩尾別に入植が始まったが、厳しい自然環境に加えてバッタの被害を受け全戸が離農する。昭和期に入り第二次の入植が行われるが長続きせず、戦後になって、食糧難のため第三次入植が行われたが開拓は困難を極めた。

知床が、一般に知られるようになったのは、1960年に戸川幸夫が著した「オホーツク老人」が、森繁久彌主演の映画「地の涯に生きるもの」として上映されたことがきっかけであろう。1961年には、植物学者館脇操博士が学術調査結果に基づいて国立公園指定を働きかけ、国の自然公園審議会によって国立公園指定の答申がなされる。1964年には、知床半島の中央部から先の3万9731haが22番目の国立公園に指定された。また1980年には、国立公園の南端の遠音別岳周辺1895haが原生自然環境保全地域に指定替えされた。

1971年に森繁久彌作詞作曲による「知床旅情」を加藤登紀子が歌って大ヒットすると観光ブームが巻き起こり、1980年の知床横断道路の完成はこれに拍車をかけた。

一方1966年、戦後開拓された岩尾別の農民は離農して、その土地が不動産業者の手にわたり、国立公園内の乱開発が危惧される事態となった。藤谷豊町長（当時）は国に開拓跡地の買い取りを求めるが実現せず、1977年、町としてナショナルトラスト運動によって土地買い取りを進める「しれとこ百平方メートル運動」を開始する。1997年までに5万人の協力者から、5億2000万円の募金が集まり、447haの買取り目標を達成した。

1987年に国有林が知床国立公園内の伐採を行った際には、地元の自然保護団体のみならず「しれとこ百平方メートル運動」の協力者も交えた全国的な反対運動が巻き起こり、伐採に反対する午来昌氏が町長に当選することで伐採は中止された。

知床国有林伐採問題と白神山地青秋林道建設問題で、全国的に批判を浴びた林野庁は、1987年「林業と自然保護に関する検討会議」を開催して有識者の意見を聞き、1989年には保護林制度を再編して、原生的な環境が残る森林を森林生態系保護地域として指定することを決めた。1990年には白神山地などと一緒に、知床の国有林3万5527haが森林生態系保護地域として指定された。

これらの国立公園、原生自然環境保全地域、森林生態系保護地域が、2005年に知床が世界自然遺産に登録されるにあたって、そのベースとなっている。知床の世界自然遺産登録は、これらの人々の努力の積み重ねによって、成立したと言っても過言ではない。

しかし一方で、世界自然遺産登録にあたって知床の原生性が強調された結果、知床と人々との関係の歴史、自然と人との関係が忘れられる事態も生まれている。その一つが、エコツーリズム協議会における、羅臼町赤岩地区の昆布漁ツアーを巡る議論である。この議論については、筑波大学世界遺産専攻の大学院生船木大資が修士論文「世界自然遺産地域における人と自然の関係―知床半島羅臼町赤岩地区の昆布漁をめぐって」（船木２０１８）としてまとめているので、それを元に紹介しよう。

羅臼町の名産品、「羅臼昆布」を生産する羅臼町の昆布漁は、7月中旬から8月末にかけて知床半島東側沿岸の広い範囲で行われる。その中にあって、道路のない知床先端部へ船で移住し、漁期中そこに滞在しながら羅臼昆布の生産に従事するという形の昆布漁が行われてきた。かつての船が何隻にも連なって先端部に移住していく光景は、羅臼町の夏の風物詩であったという。

そうした移住先の一つに、知床半島先端にほど近い赤岩という場所がある。漁師たちは赤岩に番屋と呼ばれる家屋を建てて住み、およそ2か月間にわたってそこで生活する。１９６０年代の赤岩には50軒以上の番屋が立ち並び、また４００隻以上の漁船が赤岩の海上を埋め尽くすほどであったといわれている。その後、漁船の改良や昆布の機械乾燥小屋の導入等により、赤岩に移住する人々は減少したが、２０１７年も2軒の昆布漁家が移住し操業した。このように、赤岩は昆布漁の重要な拠点として位置づけられてきたのである。

こうした赤岩の歴史をもとに提案されたのが前述の昆布漁のエコツアーである。このエコツアーは知床半島の先端部における昆布漁の歴史と文化を学ぶことを目的とし、2014年から行われている。エコツアーでは、羅臼町の自然や漁業について事前に学習したうえで実際に赤岩に上陸し、ガイドの解説を聞きながら現地に残る昆布漁の番屋を見学することが大きな特徴となっている。

赤岩が重要な昆布漁の拠点であり、昆布漁師たちの生活の場であった一方で、知床半島先端部、特に赤岩を含む知床岬一帯は知床の自然保護において重要視されてきた地区でもある。知床岬周辺は知床国立公園の特別保護地区、赤岩周辺は第1種特別地域に指定され、自然環境の保護が図られてきた。また1984年には、知床岬一帯の自然景観を保護するために「知床岬地区の利用規制指導に関する申し合わせ」が合意され、知床岬一帯への遊漁船によるレクリエーション目的の上陸は認めないものとされた。知床岬一帯は自然体験を目的としたトレッキング等に限定され、その利用にあたっては「ヒグマの棲家におじゃまする」という基本思想が掲げられてきた。

このエコツアーの実施をめぐり、世界遺産地域の適正な利用について検討する会議で活発な議論が行われた。自然保護の専門家からは、このツアーをきっかけとした知床岬一帯の過剰利用による自然環境の悪化や原生的な雰囲気の喪失を懸念する声や、既存の自然保護上のルールとの整合性を疑問視する声が挙がった。一方、地元関係者からは、赤岩において人が暮らしてきたことは紛れもない事実であり、昆布漁の歴史を広く伝えていくことは重要であるとの意見が表明され、また自然保護の専門家側からも、知床の人々が厳しい自然の中で暮らしてきた事実を伝えることの重要性を

知床半島の先端部にある羅臼町の赤岩では夏の間、番屋に住み込んで昆布漁が行われてきた（写真＝船木大資）

知床五湖は、日本の国立公園で最初に利用調整地区が設定され、ヒグマとの共生と自然体験の提供のため利用調整が行われている

指摘する発言がなされた。

こうした議論の中で、知床における人と自然との関係が見直されることとなった。またこれまでの知床の自然保護のルールや運営の改善を求める声が関係者から挙がっており、実際に運用されているルールの一部の見直しがおこなわれるなど、知床の自然保護は新たな展開を見せている。

原生的な自然が残り、「ヒグマの棲家」として保護されてきた知床半島は、同時に「人の住処」であり、生活の場所でもある。昆布漁の歴史を伝えるエコツアーは、知床の自然保護に対して、人と自然の関係に関する重要な問題を提起したと言えるだろう。

知床の課題　——世界遺産平和公園

最後に残された知床の課題として、ＩＵＣＮが評価書の中で提案した、世界遺産平和公園を挙げたい。ＩＵＣＮは、「知床と隣接した島々の間には、その環境や生態系に明らかな類似性がある。また日本とロシアの研究者の間で交流が続けられていることは注目すべき点である。もし両国が将来的にこれらの地域での自然保護に合意できたなら、これらの地域をより広域の世界遺産平和公園とする可能性がある」と書いている。

日本政府としては、北方領土問題という微妙な問題が絡んだ、この提案には少し驚いたようである。隣接した島々というのが、どこまでを指しているか明記されていないが、国後島、択捉島までであれば、日本が領土として主張している島々であるため、国境を超えた国際平和公園と認めるわけには行かないからである。

そもそも、国際平和公園あるいは国境を超えた世界遺産という概念は、いつごろから生まれて来たのだろうか？

最初に作られた国際平和公園は、１９３２年にカナダのウォータートン・レークス国立公園と米国のグレーシャー国立公園を合わせて設立された。１９３１年のカナダのアルバータ州と米国のモンタナ州のロータリークラブの決議に基づき、１９３２年に両国議会が国際平和公園設置法を採択して設立された。1995年には、ウォータートン／グレーシャー国際平和公園として、国境を超えた世界遺産に登録された。ポーランドとベラルーシの国境にあるビャオヴィエジャの森は、ヨーロッパ最古の野生生物保護区であり、野生復帰したヨーロッパバイソンやオオカミの生息地としても知られる。国境を超えた世界遺産として登録されたのは、1979年のことでありヨーロッパで最初の世界自然遺産でもある。コスタリカとパナマの国境にあるタラマンカ山脈、ラ・アミスタ保護区群／ラ・アミスタ国立公園は、ケツァールをはじめとする鳥類が生息する熱帯雨林の保護地域であり、1993年に国境を超えた世界遺産として登録された。これらは実際に国境を挟んで隣接した世界遺産である。2007年に国境を超えた世界遺産として登録されたスロバキアとウクライナの国境にまたがるカルパチア山脈のブナ原生林は、2011年にはドイツのブナ林、2017年にはブルガリア、ルーマニア、オーストリア、アルバニア、クロアチア、スロベニア、イタリア、スペイン、ベルギーを含む広大な国境を超えた世界遺産として登録されている。

世界遺産条約はもともと文化遺産、自然遺産の保護のための国際協力をめざして採択された条約なので、国境を超えた協定の締結や世界遺産登録には積極的であり、各国から年に1つまでとされている世界遺産の推薦枠も、国境を超えた世界遺産の推薦であれば、これとは別枠で推薦できる。

知床の世界遺産平和公園の提案に関しては、大泰司紀之氏と本間浩昭氏は、『知床・北方四島――流氷が育む自然遺産』（大泰司・本間、2008）の中で、「日本は、知床から北方四島までの範囲に円を描く。ロシアは、ウルップ島から四島までの間に円を描く」という方法なら可能かもしれないと提案する。この提案を推進しようと、2008年にはNPO法人日露平和公園協会が設立されている。

北方領土問題は、1956年のフルシチョフ書記長、1991年のゴルバチョフ書記長、1993―1998年のエリツィン大統領、2001年のプーチン大統領との交渉を通じて話し合われて来たが、2010年のメドベージェフ大統領の国後島訪問、2014年のロシアによるクリミア半島併合と経済制裁などが相次ぎ、なかなか進展には至らない。2016年にはプーチン大統領訪日の際に、北方四島の共同経済活動について話し合われているが、経済活動中心の協力関係では北方四島の自然保護は置き去りになってしまう。とくに海域の生物資源に関しては、ロシアのトロール漁船によって、スケトウダラなどの底生魚が根こそぎにされてしまい、いくら知床半島で漁業管理をしても、資源の枯渇はまぬがれない。いっそのこと、北方四島も世界遺産にして漁業管理をして欲しいという声は、知床の漁師からも聞かれる。

北方領土問題の解決は容易なことではないが、北方領土問題が解決したとき、国後島や択捉島の自然がすっかり失われてしまっては意味がない。世界遺産平和公園などの知恵を使って、知床に隣接する島々の自然を実質的に保護することが必要ではないだろうか。

第5章

小笠原諸島

外来種対策の実験場

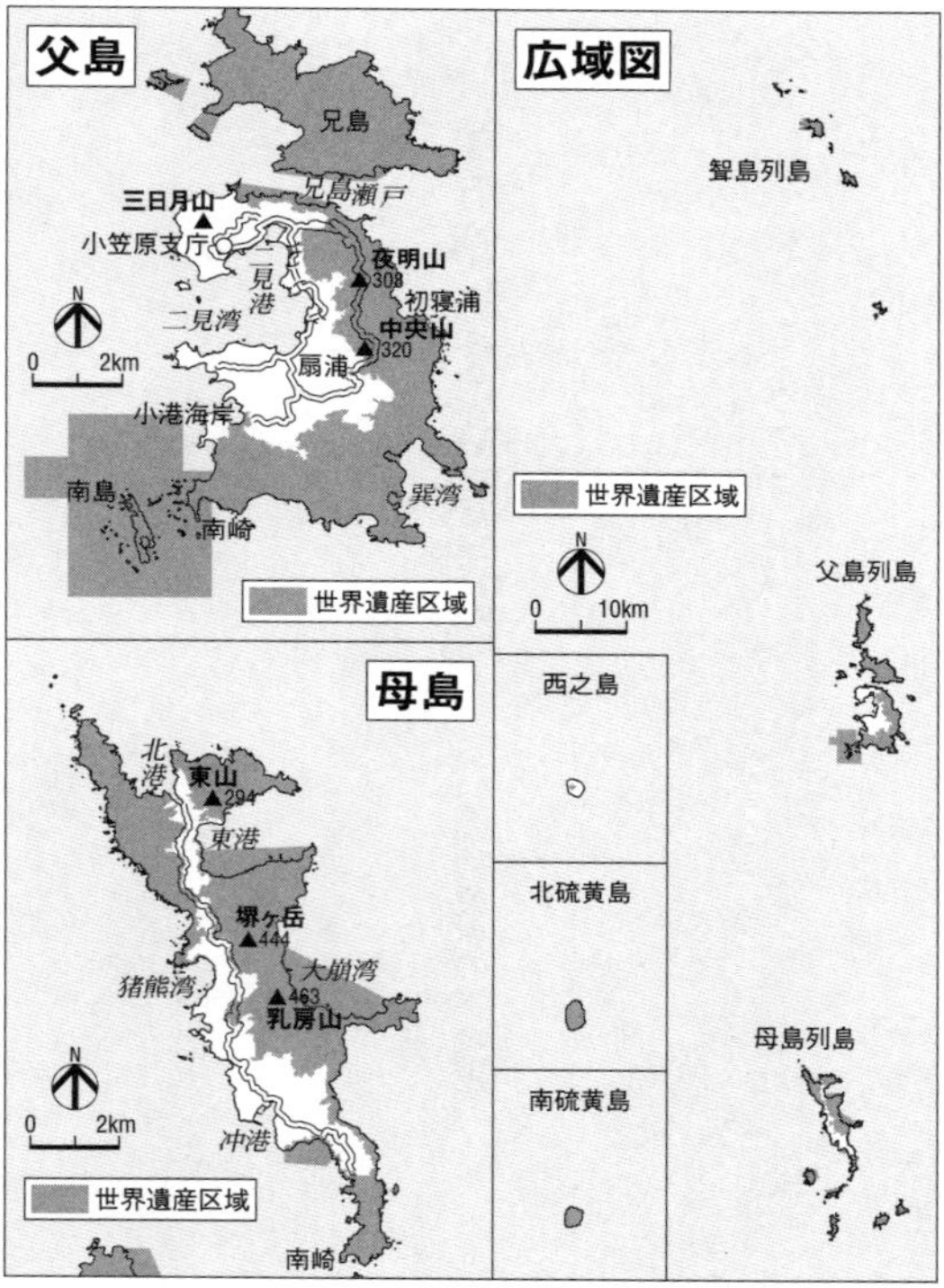

世界遺産データ

遺産名：小笠原諸島（Ogasawara Islands）
所在地：東京都（小笠原村）
登録年：2011 年 6 月
登録面積：7939ha（陸域 6358ha 海域 1581ha）
評価基準：（ix）現在も進行中の生態学的生物学的過程
国内法：小笠原国立公園、南硫黄島原生自然環境保全地域、小笠原諸島森林生態系保護地域、国指定鳥獣保護区（小笠原群島、西之島、北硫黄島）、天然記念物（南硫黄島、南島沈水カルスト地形、アホウドリ、メグロ、アカガシラカラスバト、オガサワラノスリ、オガサワラオオコウモリ、オガサワラシジミ、オガサワラトンボ、オガサワライトトンボ、シマアカネ、小笠原諸島陸産貝類など）
世界遺産アウトルック評価：軽微な懸念（Good with some concern）

小笠原諸島の世界遺産の価値

小笠原諸島は、東京から南に1000kmの太平洋上に浮かぶ30余りの島々の総称であり、小笠原群島に属する聟島列島、父島列島、母島列島と、北硫黄島から南硫黄島に至る火山列島及び西之島からなる。緯度は、北緯27度43分の聟島列島の北ノ島から北緯24度14分の南硫黄島まで、南北400kmに及ぶ。琉球列島で言えば、北ノ島の緯度は鹿児島県徳之島、父島は沖永良部島の南、母島は沖縄県本部町、南硫黄島は西表島の南に相当する。

小笠原諸島は、太平洋プレートとフィリピン海プレートの境界線に位置する。4800万年前、太平洋プレートがフィリピン海プレートに沈み込みを開始することによって、海底火山活動が活発化し、最初に聟島列島や父島列島が、次に母島列島が、最後に火山列島が生まれた。太平洋プレートの沈み込みによって、高温のマントルが上昇し、またプレートの動きによる水の供給で融点が下がり、無人岩マグマが発生し、枕状溶岩の流出を伴う穏やかな海底火山活動によって、聟島列島、父島列島が形成された。父島の南にあるハートロックの周辺では、この時、生まれた無人岩（斜長石の代わりに斜方輝石の結晶を含むマグネシウムに富んだ安山岩の一種で、父島で最初に記載されたことから、小笠原諸島の古名である無人島（ブニン島）にちなんで無人岩（ボニナイト）と名付けられた）やデイサイト枕状溶岩の地層を見ることができる。

４４００万年前〜４０００万年前になると、太平洋プレートはより深く沈み込み、マグマの発生地点はより深く、そしてより西側に移動し、噴出した溶岩もカルシウムに富んだ玄武岩質のソレアイトに変化する。この時に生まれたのが母島列島である。

さらに４０００万年前以降になると、マグマの発生地点はさらに深く、さらに西側に移動し、現在の伊豆―小笠原弧の火山フロントの位置、すなわち西之島、火山列島の位置に移動し、現在も活発な火山活動が続いている。

このように小笠原諸島は、プレートの運動によって海底火山が生まれ、海洋性島弧が形成される過程を見せてくれる。この過程は、海洋地殻から大陸地殻が形成されるプロセスであり、一言で言えば、海から大陸が生まれてくる過程を示すものである。

このような理由から、小笠原諸島は、世界自然遺産の評価基準（viii）を満たす、日本初の自然遺産になることが期待されたが、ＩＵＣＮの評価書ではこの点が評価されなかった。ロシアのカムチャツカ火山群などと比べて規模が小さいなどと、海洋プレートが大陸プレートに沈みこむことで生まれた環太平洋火山群の一つと勘違いされた評価がなされたことは非常に残念なことである。

世界遺産登録後の２０１３年と２０１６年にわたる西之島の噴火によって、世界自然遺産の面積そのものが拡大したため、いずれ世界遺産の境界線変更の申請をしなければならないが、その際に評価基準（viii）について再申請することも考えられる。ただし、評価基準を一つ追加するだけで

父島長崎歩道から見た兄島と兄島瀬戸

ノネコの捕食によって絶滅が危惧されていたアカガシラカラスバト。ノネコ対策が進んだ結果、個体数が回復し集落でも姿を見るようになった

も、新たな登録申請と同じ手続きが必要となるため、新規登録の文化遺産が順番待ちしている中で、すでに登録されている自然遺産の再申請を割り込ませるのは簡単ではないが、文化遺産の申請が途切れる年があればぜひチャレンジすべきだろう。

小笠原諸島は、ユーラシア大陸とも日本列島とも繋がったことのない「海洋島」であり、そこにすむ生物は、人為的に運ばれた生物を除けば、鳥のように飛んできたか、海流によって流されてきたか、あるいは風によって運ばれてきたかの三つに一つの方法で島にたどり着いた。そのため、動植物相に大きな偏りがある。

小笠原諸島には、アホウドリ、コアホウドリ、クロアシアホウドリ、アカアシカツオドリ、オナガミズナギドリなど、さまざまな海鳥が繁殖しているのに対して、哺乳類は、クジラ、イルカなどの海生哺乳類を除けば、オガサワラオオコウモリのみである（もちろん、人間が持ち込んだ、ヤギやネコなどは除いての話だが）。爬虫類は、海洋性のアオウミガメを除けば、オガサワラトカゲとミナミトリシマヤモリの2種類だけである。両生類は、人間が持ち込んだウシガエルを除けば、1種も生息していない。陸水にすむ魚類ではオガサワラヨシノボリ1種が固有種である。

小笠原諸島には固有種が多いが、とくに昆虫の25％、陸産貝類の95％が小笠原諸島固有種である。トンボ類では、オガサワラトンボ、オガサワラアオイトトンボ、ハナダカトンボ、シマアカネの5種が記録されているが、全て小笠原諸島の固有種である。

小笠原諸島には、134種の陸産貝類が記録されているが、そのうち100種が小笠原諸島固有種である。陸産貝類は、海を泳ぐことはできないので、おそらく最初の祖先種が流木や鳥の足などに付着して小笠原諸島に運ばれ、そこから100種以上の種に進化してきた。東北大学の千葉聡教授によれば、最初に父島にたどり着いたカタマイマイが、樹上性、半樹上性、地上性など複数の種に進化し、その一部が聟島列島、母島列島に分散することによって、再び樹上性、半樹上性、地上性へと進化し、カタマイマイ属だけでも現生種19種、化石種29種に分化した。このような、適応放散という現象は、ガラパゴス諸島のフィンチなどでも知られているが、小笠原諸島の陸産貝類は、祖先種が小笠原諸島にたどり着いてから、何度も適応放散が起きたことを示しており、現在も進行中の生態学的生物学的過程という世界自然遺産の評価基準（ix）にふさわしい事例である。

小笠原諸島の固有種の多くが絶滅危惧種となっている。昆虫類では、73種が環境省のレッドリストに記載されており、先に述べた5種のトンボ類は全てが絶滅危惧種である。陸産貝類では46種が環境省のレッドリストに掲載されている。陸産貝類の種数だけ見ると、ハワイ島が768種中748種（固有率97・4％）、ガラパゴス諸島が83種中80種（固有率96・4％）、ソコトラ島が96種中19種（固有率94・8％）と小笠原諸島を上回る海洋島はあるが、海外の海洋島では外来種の影響で陸産貝類の絶滅率が90％にも達しているにもかかわらず、小笠原諸島の絶滅率は24％であり、陸産貝類が健全に生き残っている点が評価される。

小笠原諸島の世界自然遺産登録の証拠ともなった陸産貝類。カタマイマイの仲間は樹上にすむもの（写真左上）と地上にすむもの（写真左下）で異なる種に進化した。降水量の多い母島では、貝殻が小さくなったオカモノアラガイ（写真右）が見られる

このような小笠原諸島固有種の多さと、それが現在も生存している点を強調して、評価基準（x）の生物多様性の現地保存に重要な生息生育地というクライテリアでも申請したが、残念ながら固有率や絶滅危惧種の数が他の海洋島よりも低いという理由で、この基準には当てはまらないと判断された。しかし、これについては、環境省のレッドリストに記載されているにもかかわらず、2010年の申請段階では種の保存法の国内希少野生動植物種に指定されていなかったり、IUCNのレッドリストに記載されていないものが多く、不十分な数値で判断されてしまったという問題がある。小笠原諸島では、現在も新種が見つかるなど、研究が進行中であり、IUCNのレッドリストに反映されていないものが多い。環境省では、世界自然遺産登録後に、小笠原諸島の絶滅危惧種を、種の保存法の国内希少野生動植物種に指定するなどの対応をとっている。これらの情報をIUCNに提供した上で、評価基準（x）についても再申請することも考えられる。

小笠原諸島の固有種を脅かす外来種

小笠原諸島の外来種のうち、最も早く持ち込まれたのは、ヤギ、ネズミ、ネコなどの動物であろう。ヤギについては、1830年代に小笠原諸島に移住したハワイ系住民が食料として持ち込んだほか、それ以前にも捕鯨船の乗組員が遭難した場合の緊急の食料として持ち込んだ可能性もある。

船が寄港すれば、クマネズミなどが積荷に紛れ込んで上陸し、またネズミによる被害を防ぐためネコも島に持ち込まれた。野生化したノヤギは、聟島列島、父島列島などで、植生を破壊し、赤土が流出するほどにまで、植物を食害してしまった。またクマネズミや飼い猫が野生化したノネコは、海鳥の繁殖に対して大きな脅威であり、カツオドリ、オナガミズナギドリの繁殖にも影響を与えてきた。ノネコは、海鳥だけではなく、アカガシラカラスバト、メグロ、オガサワラオオコウモリなどの固有種も食べてしまう捕食者である。

戦前、小笠原諸島には、父島、母島、北硫黄島、硫黄島などに７０００人以上の人々が住んでいた。そのため、ブタなどの家畜のほか、さまざまな栽培植物が持ち込まれ、その一部は侵略的な外来種となった。その一つが、アカギである。アカギは、台湾や沖縄などでは、街路樹などとして植栽されているが、小笠原諸島では薪炭用の樹木として植栽された。しかし、１９４４年の本土疎開に伴って、放置された結果、１９６８年に小笠原諸島に日本に返還された時には、薪炭としては使えないほど大きな林に成長し、とくに母島では暗いアカギの純林を形成し、オガサワラグワ、シマホルトノキなどの固有植物を圧倒するほどになっていた。

戦後、小笠原諸島は米軍の統治下におかれ、その間にグアム島などの米軍基地経由でさまざまな外来種が侵入してきた。その代表がグリーンアノールである。グリーンアノールは、もともと北米産のトカゲだが、グアム島の米軍基地経由で、小笠原諸島に侵入したと考えられている。愛玩用として持ち込まれたものか、資材に混入して侵入したものかは不明だが、建築に使われる単管パイプなどに隠れていることがあるので、非意図的に資材に紛れて侵入する機会はいくらでもあったと考えられる。

侵入当初は、珍しいトカゲがいると思われた程度であったが、捕食者は猛禽類のオガサワラノスリぐらいで、競争する種もいないため、個体数が急速に増加した（原産地の北米では、ブラウンアノールという競合する種がいるため、爆発的に増えることはなかった）。グリーンアノールは、急速に個体数を増やし、小笠原諸島の昆虫を次々と食いつくし、オガサワラゼミ、オガサワラシジミなどの固有種を絶滅の危機に追いやった。

１９６８年の小笠原諸島の復帰後も、外来種の侵入は続いた。アフリカマイマイは太平洋の島々に食料用に持ち込まれ農業被害を引き起こすとともに、道路一面をアフリカマイマイが覆い、自動車の通行にも妨げとなった。また、アフリカマイマイは広東住血線虫の中間宿主となるため、その点からも問題となった。しかしニューギニア原産の肉食性のニューギニアヤリガタリクウズムシが、１９９５年ごろ小笠原諸島父島に導入された結果、アフリカマイマイの個体数は著しく減少した（ただし、人為的に小笠原諸島に導入したという記録はなく、すでに導入されていた沖縄や他の太平洋の島々からの非意図的導入であった可能性もある）。しかし、ニューギニアヤリガタリクウズムシは、アフリカマイマイのみならず、小笠原諸島固有種の陸産貝類も捕食し、絶滅に追いやっ

北米からグアムを経由して侵入した外来種グリーン・アノール。小笠原父島と母島だけに生息していたが、近年兄島にも分布を広げ問題となっている

陸産貝類の天敵である外来種ニューギニアヤリガタリクウズムシの分布を広げないように靴の洗浄を行う観光客

てしまった。現在、父島でニューギニアヤリガタリクウズムシの捕食被害を受けていないのは、巽崎、鳥山などの半島の先端部のみであり、これらの生息地を死守するとともに、母島やその他の島にニューギニアヤリガタリクウズムシの分布を広げないよう、靴底の洗浄、建築資材の確認など、さまざまな努力が行われている。

近年、問題となっているのは、外来アリ類である。２０１７年には、横浜港や博多港などで、中国からのコンテナによって運ばれたと見られるヒアリが発見され問題となった。小笠原諸島にはヒアリは侵入していないが、ヒアリ同様アナフィラキシーショックを起こす可能性のあるアカカミアリがすでに硫黄島に侵入しており、小笠原村民の硫黄島墓参や付近を航行する船の灯火への女王アリの飛来によって、他の島々へ

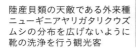

分布拡大しないよう常時注意が必要である。このほかにも、熱帯原産のツヤオオズアリは、父島二見港付近には普通に分布しており、２０１４年には母島でも発見された。ツヤオオズアリが分布拡大した地域では、母島の陸産貝類の分布が見られなくなっていることが確認され、緊急に母島におけるツヤオオズアリの駆除が行われている。

外来生物法の成立や、世界自然遺産の価値の広報によって、意図的な外来種の導入には歯止めがかかっているが、ペット由来の外来種の野外への逸出や農業に伴う非意図的な外来種の導入に関しては、島民の理解と協力が欠かせない。

ニューギニアヤリガタリクウズムシやツヤオオズアリなど、土壌に紛れて侵入する可能性のある外来種については、マンゴーなどの土付き苗を沖縄から購入することが、新たな外来種の侵入を招くおそれがあると言われている。しかし、熱湯を注ぐことにより土壌に潜む外来種を根絶する方法については、時間がかかり、苗木に悪影響が出るとして、理解が得られていない。

ペット由来の外来種については、小笠原諸島のノネコ対策は、モデル的な事例として知られている。

母島の南崎において、カツオドリをはじめとする海鳥の大量死が一頭のノネコによるものであったことが自動撮影カメラから明らかになり、自然保護関係者に大きなショックを与えた。父島でも、地上に巣を作るアカガシラカラスバトがノネコに襲われ、死亡する事例が報告された。しかしノネコの致死的な駆除は、動物愛護団体のみならず、一般の愛猫家からも非難を浴びる恐れがあった。そこで2008年、小笠原自然文化研究所は、IUCNの種の保存委員会（SSC）の保全繁殖専門家グループの協力を得て、父島でアカガシラカラスバト保全計画づくりワークショップを開催した。この中で、アカラシラカラスバトの保全には、山域からのノネコの排除だけではなく、村域におけるネコの適正飼養によりペット由来のノネコがこれ以上増えないような方策が必須であることが理解されるようになった。その結果、2010年には捕獲したノネコは、小笠原自然文化研究所が運営する一時飼養施設（ネコ待合所）に収容し、準備が整い次第、おがさわら丸で東京に運び、東京都獣医師協会の協力を得て、新たな飼い主を探す仕組みが整えられた。この結果、アカガシラカラスバトの個体数が増加し、それまで山域のサンクチュアリでも見ることが難しかったハトが、集落周辺でも見ることができるようになった。

筑波大学世界遺産専攻でこの問題を研究した三ツ井聡美（現北海道大学大学院）の修士論文「外来種問題に関する行政からの情報提供の変遷―小笠原諸島のネコ対策を事例に」（三ツ井2017）から、この問題を見てみよう。三ツ井（2017）は、ネコ対策に関して、行政から島民への情報提供がどのようになされてきたかに注目し、1996年から2016年までの21年分の「村民だより」の中のネコに関する記事に含まれる出現頻度の高い単語を分析した。小笠原村は、1999年に日本で初めて飼いネコ適正飼養条例を制定し、飼いネコの登録を義務化した自治体である。

分析の結果、第1期（1996～2002年）では、村内のネコによる公衆衛生の悪化に対応するために、飼いネコの適正飼養を求める記事が多かった。第2期（2003～2009年）には、ノネコを外来種として扱い、アカガシラカラスバトを保全するために捕獲することを伝え、ノネコの供給源となる飼いネコの適正飼養の徹底を呼びかけていた。第3期（2010～2016年）には、世界自然遺産登録と関係づけて、島の生態系の保全を目的に、村内の飼いネコの適正飼養と山域におけるノネコの排除を進めているという情報提供がなされていた。

このような行政からの情報提供の成果として、2016年4月における飼いネコの避妊去勢率100％、マイクロチップの装着率88・4％を達成している。山域におけるノネコの捕獲はまだ完了していないが、小笠原諸島における住民を巻き込んだノネコ対策は、他の地域のモデルとなる取り組みといえよう。

小笠原諸島における人と自然の関係

小笠原諸島の歴史は、他の世界自然遺産地域と比べると短い。

小笠原諸島は、1593年に信濃国深志（松本）の城主、小笠原貞頼が八丈島の南に無人島を発見し、徳川家康から領地として認められたと伝えられる。この真偽のほどはさておき、1675年、長崎の島谷市左衛門が、幕命により唐船を建造して、伊豆の南にある無人島を巡検し、木標を建て日本領であることを宣言して、弟島、兄島、父島、母島などの実測図を持ち帰った。1785年に林子平が著した「三国通覧図説」には、小笠原諸島の位置がかなり正確に示され、これが幕末になって小笠原諸島の領有権を主張するのに役立った。

19世紀になると、欧米の捕鯨船がしばしば小笠原諸島に来航するようになる。1823年には米国のトランシット号、1825年には英国のサプライ号が父島に寄港。1827年には英国のブロッサム号が上陸して、小笠原諸島の領有を宣言した銅板と英国旗を残して去った。1830年には、ナサニエル・セーボレーらハワイからの住民が父島に移り住み、農地の開拓や捕鯨船への水や食料の供給を行っていた。1840年、父島に漂着した陸奥国の小友浦庄兵衛らは、ハワイ系の住民が住んでいることを報告している。

1853年、日本との通商条約を結ぶことを目的に、まず足がかりとして琉球王国の那覇を訪れたペリー提督は、その足で小笠原諸島の父島に寄港し、二見港の地図を作成するとともに、住民の代表のセーボレーから貯炭所の土地を50ドルで購入し、その管理をセーボレーに託した。ペリーは、セーボレーを代表とする自治政府を成立させ、母島を米国領として領有すべく、プレートを取り付けている。

1854年、日米和親条約の締結後、1858年には日米修好通商条約が結ばれ、その批准書の交換のため、1860年に遣米使節が咸臨丸で米国を訪れた。その際に、ブキャナン大統領から「ペリー提督日本遠征記」を贈られ、初めて小笠原諸島におけるペリーの行動、小笠原諸島領有をめぐる米英の論争を知ることになる。1862年、幕府は外国奉行水野忠徳を咸臨丸の艦長、中浜万次郎を通訳とする107名の一行を小笠原諸島に派遣し、セーボレーを代表とする住民と日本による小笠原諸島の領有と今後の日本人開拓民の派遣などについて話し合い、平和裡に受け入れられている。咸臨丸の乗組員は、二見港を見下ろす旭山の山頂に日章旗を掲げた。これが旭山の名前の由来となっている。

1863年、幕府は八丈島から募集した島民30名を扇浦に入植させ、開拓を開始した。しかし、父島に入植する島民が八丈島を出航したその日、横浜近郊の生麦で、薩摩藩士によって薩摩久光の行列を乗馬で横切った英国人を殺傷するいわゆる生麦事件が発生し、英国との関係に緊張が生じた。入植からわずか1年後の1864（文久3）年には、小笠原在住の日本人保護のため、幕府は入植した日本人島民を全て撤収した。

ここで、注目すべきことは、なぜ日本による小笠原諸島の領有に対して、英米が異論を唱えなかったかという点である。幕府は、1675年、長崎の島谷市左衛門に命じて小笠原諸島の探検を行い、地図を作成していたが、その後は小笠原諸島への関心を失い、1840年代には欧米系住民が入植していることを知りながら、1860年に遣米使節が「ペリー提督日本遠征記」の存在を知るまで、何もして来なかった。これには、小笠原諸島に対する英米の領有権の論争により、運よく日本の領有権が認められたという側面がある。

1827年には英国のブロッサム号が上陸して、小笠原諸島の領有を宣言したが、実際に父島に住んだのはセーボレーを中心とするハワイ系の住民が主であった。1853年、ペリーが父島の土地を購入したという話はすぐに英国にも伝わり、ペリー艦隊が香港停泊中に、香港総督ジョージ・ボナムがペリーを訪れて抗議を行った。これに対してペリーは、父島の住民の国籍はアメリカ人が多く、自治政府の代表もアメリカ人のセーボレーであること、1827年に英国のブロッサム号が英国の領有権を主張する4年前の1823年には米国のコフィン号が小笠原諸島を訪れており、さらに1675年には日本人が訪れて無人島（ブニンジマ）という名をつけているということを理由に、英国の領有権を否定している。

1863年に、幕府が小笠原諸島の領有権を主張し、日本人による植民を開始するにあたっては、英国公使オールコックに対して文書で通告を行ったが、これに対してオールコックは、日本人が最初の発見者だとしても、その後の管理を怠ったので、欧米法からすれば日本の所有権は消滅している。しかし、日本がこれまで通り、外国船の自由な停泊を認め保護するならば、日本による領有と植民には争議をしないと述べた。

これはちょうど、日英の関係が良好な時期のことであり、もし1863年の生麦事件の後であったら、どのようなことになったかわからない。

明治初年まで、しばらくは小笠原諸島の開拓は停止されていたが、1975年、官船明治丸に乗船した外務省官吏田辺太一を代表とする調査団は、父島、母島を訪れ、島民に日本政府の保護に従うことを誓わせた。1976年、明治政府は各国に小笠原諸島の領有を通告したが、諸外国の反対はなかったため、小笠原諸島は日本領であることが正式に確定した。

日本政府は早速、扇浦に仮庁舎を建設し、東京〜父島間に日本郵船による定期便が開設された(ただし当時の定期船は帆船でわずか年3回であった)。1880年には、小笠原村は東京府の直轄となり、東京府出張所を設置、1886年には小笠原支庁となる。

明治政府は、小笠原諸島においてさまざまな開拓事業を推進した。

最初の開発は、羽毛採取のためのアホウドリの捕獲、有用樹木の伐採など、天然資源を利用するものであったが、天然資源の枯渇に伴い、有用樹木の植林、熱帯作物による農作物の栽培が行われるようになった。

熱帯の有用樹木として、モクマオウ、リュウキュウマツ、アカギ、ギンネムなどが植栽されたが、これらは現在では外来種として駆除されている。熱帯の農作物としては、バナナ、パイナップル、パパイヤ、マンゴーなどが栽培された。コーヒーを栽培したのも小笠原諸島が日本で最初である。

弟島では、熱帯果樹の栽培に加えて、牛の放牧も行われた。母島ではサトウキビの栽培が盛んになったが、１９２０年の砂糖価格の大暴落が原因で、昭和に入ると球根栽培、観葉植物、早出野菜などへの転換が図られた。硫黄島では、サトウキビのほか、コカ、レモングラスの栽培も行われた。

漁業では、捕鯨（小笠原の捕鯨は米国の捕鯨船で捕鯨を学んだ中浜万次郎によって推進された）、ウミガメの捕獲、宝石サンゴの採取など、資源収奪型のものであったため、資源の枯渇とともに衰退して行った。一方で、ウミガメの畜養など人工孵化による個体数の増加が図られた。

このような産業振興によって、小笠原諸島の人口は１９４０（昭和15）年には７３６１人を記録したが、太平洋戦争が深刻な状況となった、１９４４（昭和19）年には島民の強制疎開が行われ、６８８６人が本土に疎開した。

戦後、１９４６年には、欧米系島民１３５名が父島への帰還を許される。小笠原諸島は米海軍によって統治され、公用語は英語、日本語は禁止された。１９６８年に小笠原諸島の本土復帰とともに、公用語は日本語となり、学校でも英語に代わって、日本語で授業が行われるようになった。この時代に学生時代を過ごした島民は、突然の変化にアイデンティティーの混乱を招いたと言われる。

２０１８年、小笠原村や東京都において、小笠原返還50周年の行事が行われた。その中で、世界自然遺産登録以来、自然の価値を伝えるエコツーリズムは盛んになったが、もっと小笠原の文化を伝えることも重要だという声が聞かれるようになった。これまでも、父島の戦跡をめぐるツアーなどは行われてきたが、小笠原の歴史や、自然とともに暮らしてきた島民の文化を伝えるような観光も必要だという声も聞かれる。

小笠原村副村長の渋谷正昭氏は、東京都の無形民俗文化財にも指定されている南洋踊り保存会の代表も務める。戦前、太平洋の島々が日本の委任統治領だった時代に、小笠原の島民がサイパンなどに出かけた際に覚えた現地の踊りを取り入れたのが、南洋踊りの始まりと言われる。現在では、大神山神社の例大祭や夏休みなど、折にふれて、島民や観光客も交えて南洋踊りが披露される。

世界自然遺産小笠原諸島の課題　――引き続きの外来種対策と空港建設問題

２０１１年6月、パリで開催された世界遺産委員会において、小笠原諸島が世界遺産リストに登録されるにあたって、以下のような決議が採択された。

日本政府への要望として、
- 外来種対策の取り組みを継続すること。
- 観光や島へのアクセスを含む大きなインフラ整備にあたっては、事前に厳格な環境影響評価を実施すること。

日本政府への推奨として、
- 海と陸の生態系を統合した効果的な管理を促すため、世界遺産地域の海域公園地区のさらなる拡大を検討すること。

- 気候変動が、世界遺産に与える影響を評価し対応するため、研究及びモニタリング体制を整え、実行すること。
- 科学委員会のメンバーを小笠原エコツーリズム協議会に加えるなど、島の価値を守るため、適切な観光に対する助言を行えるようにして、将来の観光客の増加に備え、注意深い観光管理を確実なものにすること。
- 観光客による影響を管理するため、観光業者に対して義務と同時に認証のインセンティブを与え、商業観光に対して注意深い管理とインセンティブを確実なものとすること。

このうち、外来種の取り組みに関しては、世界遺産登録後の2013年3月にグリーンアノールが兄島南部で発見され、科学委員会が緊急事態宣言を発した。発見が年度末であったため、予算のやりくりが間に合わず、小笠原自然文化研究所などのNPOが緊急の拡散防止柵を取り付けるなど、初動体制に課題が残った。2014年には、母島でツヤオオズアリのコロニーが発見され、陸産貝類が分布を狭めていることがわかったため、緊急の駆除対策が取られた。2015年には、これまで父島・聟島列島の無人島で実施してきた殺鼠剤の空中散布に対して、説明資料のミスや島民からの懸念があがったため、ネズミ対策検証委員会を設置して過去の経緯と環境影響を検証し、2017年から空中散布が再開された。

外来種対策については、世界遺産登録を目指して、生物多様性保全を最優先で進められてきたが、一方では島民の生活や産業への影響もあることから、合意形成の重要性が高まっている。

島へのアクセスを含むインフラ整備とは、具体的には本土から父島への航空路開設を指す。1989年には東京都が当時、国立公園の普通地域であった兄島中央部に空港を建設する計画を発表した。しかし、兄島は東京都の自然環境現況調査でも、固有の動植物が多く、特別保護地区に格上げするべきだと提言が出された島である。調査が進むにつれ、兄島の中央部は、固有の陸産貝類や昆虫の生息地であり、空港建設には適切でないことが明らかとなった。1998年には、空港候補地は父島の時雨山となったが、ここもムニンツツジなど多くの固有種の生育地であり、2001年には東京都は空港計画の撤回を発表した。

2010年、小笠原諸島の調査に訪れたIUCNのピーター・シェイディーとナオミ・ドークは、父島二見港桟橋にかかる「小笠原の世界遺産登録を」と「小笠原空港の早期開設を」という二つの垂れ幕に困惑したに違いない。小笠原村は、村民のための民生用航空路の開設を要望しているのだが、これまで船によるアクセスに限定されていたことが、小笠原諸島の観光客の収容力を抑えてきた。IUCNの2人は、民生用の航空路に理解を示しながらも、自然環境に影響を与える滑走路の建設よりも、よりインパクトの少ない水陸両用艇などの選択肢もあるのではと述べていた。

小笠原諸島は、人と自然との関係性を考えるには、人の歴史が短すぎると思われがちだが、わずか180年ほどの歴史であっても、オガサワラカラスバト、オガサワラガビチョウ、オガサワラマシコ、ハシブトゴイ、マミジロクイナ、ムコジマメグロの6種の鳥類を絶滅させている。日本の絶滅鳥類14種の4割が小笠原諸島の種・亜種であることを考えれば、人間活動の影響がいかに大きなものであるかがわかる。海洋島という捕食者のいない環境で進化してきた小笠原諸島の固有の生物に対して、人が持ち込んだ外来種は想像以上に大きな影響を与える。小笠原諸島において、人と自然との関係を考える時、人の生活と、ガラスの生態系とも呼ばれる脆弱な生態系の保護との両立をはかるのは容易ではない。世界最初の自然遺産の一つでもあるガラパゴス諸島は、観光客の増加のため、2007年から2010年まで危機遺産リストに登録されたが、小笠原諸島が同じ轍を踏むことは許されない。

第6章

奄美大島・徳之島・沖縄島北部及び西表島

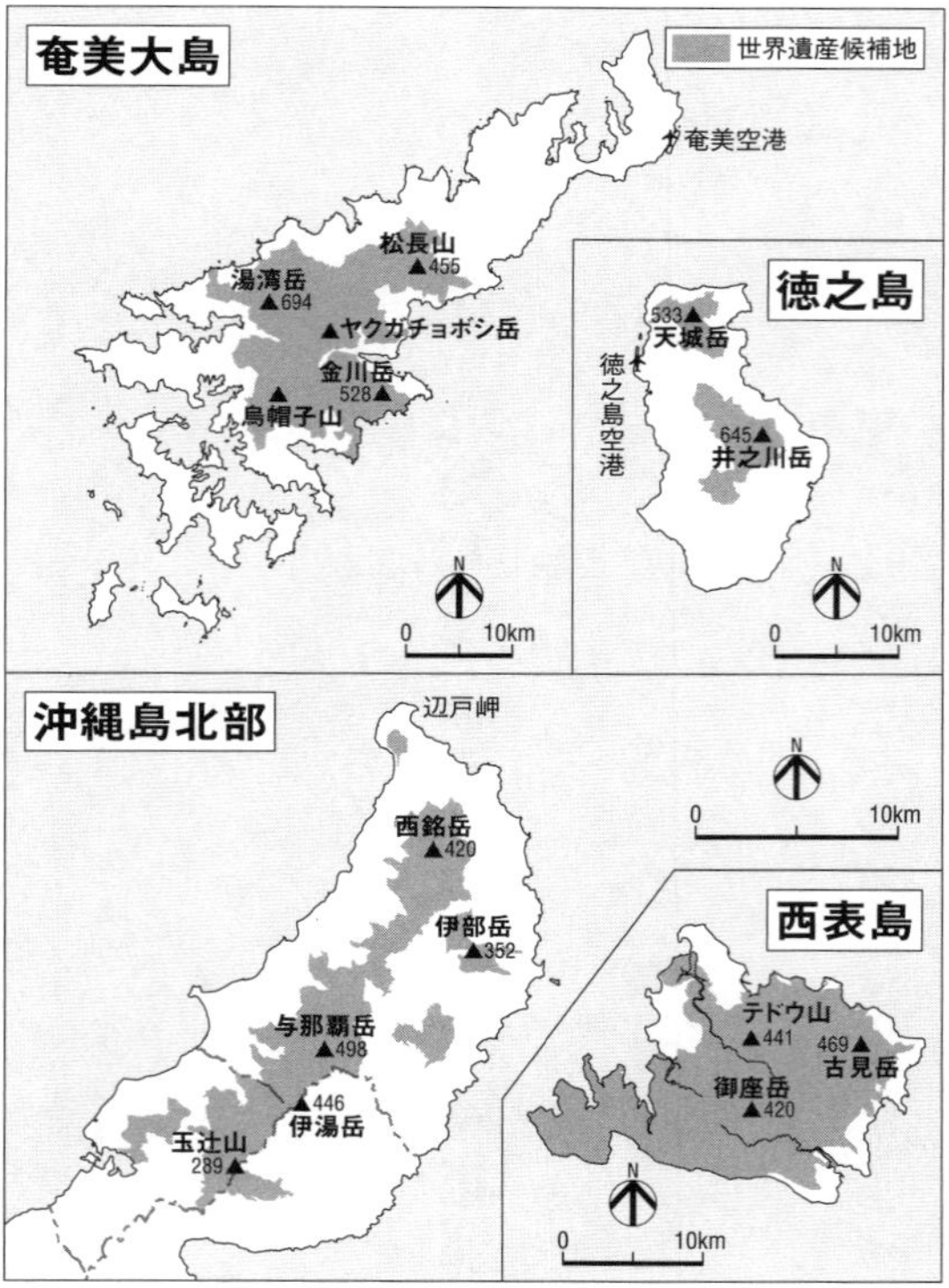

世界遺産データシート

遺産名：奄美大島・徳之島・沖縄島北部及び西表島

（Amami-Oshima Island, Tokunoshima Island, the Northern Part of Okinawa Island, and Iriomote Island）

所在地：鹿児島県（奄美市、瀬戸内町、大和村、宇検村、徳之島町、天城町、伊仙町）、沖縄県（国頭村、大宜味村、東村、竹富町）

推薦年：最初の推薦 2017 年 2 月

推薦時の面積：3 万 7939ha（奄美大島 1 万 1537ha、徳之島 2434ha、沖縄島北部 5133ha、西表島 1 万 8835ha）

推薦基準：（ix）代表的な生態系、進行中の生態学的・生物学的プロセス

（x）生物多様性の現地保存、絶滅危惧種の生息生育地

国内法：奄美群島国立公園、やんばる国立公園、西表石垣国立公園、奄美群島森林生態系保護地域、やんばる森林生態系保護地域、西表島森林生態系保護地域、湯湾岳鳥獣保護区、やんばる鳥獣保護区、西表鳥獣保護区、天然記念物（与那覇岳天然保護区域、アマミノクロウサギ、ノグチゲラ、イリオモテヤマネコ、カンムリワシなど）

琉球諸島が世界遺産候補となるまで

２００３年の国内の世界自然遺産候補地に関する検討会議において、知床、小笠原諸島、琉球諸島の３箇所が候補としてあがった。２００５年に知床、２０１１年に小笠原諸島が世界遺産リストに掲載された後、残るは琉球諸島のみとなった。

ここでは、琉球諸島の世界遺産としての価値ならびに世界遺産として推薦されるまでの経緯をふりかえってみよう。

まず、琉球諸島という名称と奄美大島・徳之島・沖縄島北部及び西表島という世界遺産推薦における名称との関係が理解しにくいと思われるので、そこから説明したい。

日本列島から見て、九州と台湾の間に浮かぶ島々を総称して南西諸島と呼ぶ。南西諸島のうち、地誌学的に成立の過程が異なる大東諸島や尖閣諸島を除く、フィリピン海溝と沖縄トラフの間に南北に連なる島々を琉球弧または琉球列島と呼ぶ（大東諸島はサンゴ礁の隆起とフィリピン海プレートの移動によって生まれた島々であり、尖閣諸島は沖縄トラフの西側の大陸棚の上にあるため、琉球弧・琉球列島には含まれない）。琉球列島は、生物学的には、北から屋久島・種子島を含む大隅諸島を中心とする北琉球、奄美大島・徳之島から沖縄島にいたる中琉球、西表島・石垣島を含む先島諸島を指す南琉球の三つに分けられる（図６）。

琉球諸島という言葉は時代によってその範囲が異なり、琉球列島と同義とする場合もあるが、一般的には琉球王国の版図であった奄美群島から先島諸島までを指す。言語学的には北琉球方言というと奄美群島・沖縄島の方言、南琉球方言というと宮古島、八重山諸島、与那国島などの方言を指す。つまり文化的には、奄美群島から先島諸島までを琉球諸島と呼ぶのである。

本書では、地誌学的・生物学的な視点から述べるときは、琉球列島（北琉球、中琉球、南琉球を含む）という言葉を用い、奄美群島から先島諸島までの中琉球・南琉球に限定する場合には、琉球諸島という名称を用いる。また、世界遺産

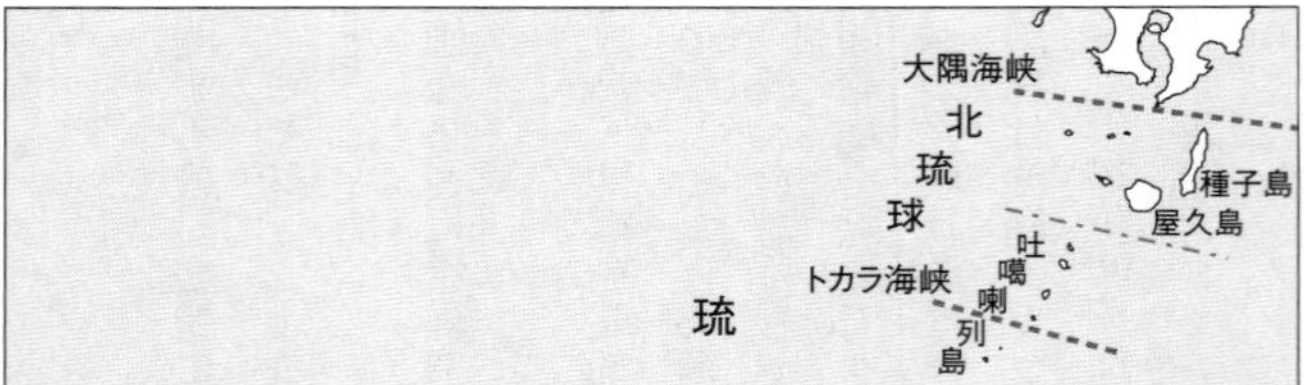

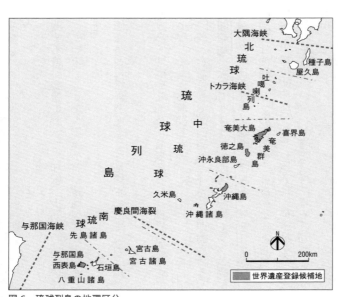

図６　琉球列島の地理区分

候補地として推薦した4島に限定する場合は、奄美大島・徳之島・沖縄島北部及び西表島という名称を用いることとする。

１９９０年に日本自然保護協会が世界遺産条約批准促進の意見書を提出した際には、白神山地と白保サンゴ礁を含む南西諸島全体が世界遺産候補地として挙げられていた。２００３年の世界自然遺産候補地に関する検討会では、当初、南西諸島全体を検討の対象としていたが、最終的には琉球諸島という候補地名となった。２０１２年に開催された新たな世界自然遺産候補地の考え方に関する懇談会からは、鹿児島県からの要望もあって奄美・琉球諸島と呼ばれるようになり、２０１３年に奄美・琉球諸島の名称で暫定リストへの登録を申請した。しかし、この名称ではどの島を世界遺産候補地とするかが明確でなく、ユネスコから記載を留保されたため、２０１６年に暫定リストの対象を奄美大島、徳之島、沖縄島北部、西表島の4島を対象とすることに決定し再申請した。通常、暫定リストの申請段階で、詳細な推薦範囲まで記述を求められることはない。しかし、琉球列島あるいは琉球諸島と言ったときに、どこまでの範囲を示しているのかがわかりにくく、政治的な問題に発展することを恐れたためだと考えられる。

２００３年の検討会で、琉球諸島が世界自然遺産の候補地となってから、15年の歳月が必要であったのは、小笠原諸島と同様、外来種対策にある程度のめどをたてるために時間がかかったこともあるが、最も大きな理由は西表島を除く候補地のほとんどが、国立公園や森林生態系保護地域に指定されておらず、国内法による保護担保措置という世界自然遺産推薦のための条件を満たしていなかったためである。

２０１６年3月には西表石垣国立公園が西表島全域に拡張され、9月には沖縄島北部がやんばる国立公園に指定され、２０１７年3月には奄美大島、徳之島、喜界島、沖永良部島、与論島が奄美群島国立公園に指定された。

日本政府は、２０１７年2月に奄美大島・徳之島・沖縄島北部及び西表島の推薦書を世界遺産センターに提出している。しかし、この時点では奄美群島国立公園は官報告示が済んでいないばかりでなく、重要な地域が推薦書から抜け落ちていた。それが、２０１６年12月に米国から返還された沖縄島北部の訓練場である。これは後々、世界遺産の審査にあたって重大な影響を与えることになる。

この問題は次節で論じることとして、奄美大島・徳之島・沖縄島北部及び西表島の世界自然遺産としての価値について説明しておきたい。

琉球列島の世界遺産としての価値

小笠原諸島が大陸や日本列島と一度もつながったことのない海洋島であるのに対して琉球列島は、

奄美大島の金作原原生林のヒカゲヘゴの森

沖縄島北部やんばるを覆うイタジイの森

西表島の仲間川と周辺のマングローブ林

約１２００万年前には大陸と地続きであった大陸島という特徴を持っている。１０００〜６００万年前、フィリピン海プレートがユーラシアプレートの下に潜り込みを開始し、大陸の一部であった琉球弧の西側に背弧海盆と呼ばれる低地が生まれ、大陸から切り離されることによって琉球列島が生まれた。１８０万年前まで、琉球列島は台湾付近で大陸と繋がっていたが、まず奄美大島と屋久島の間にトカラ海峡ができ、沖縄島の南に慶良間海裂ができたために中琉球が大陸と切り離された。次に台湾と西表島の間に与那国海峡ができて、南琉球が大陸と切り離された。この時代までに、ハブを始めさまざまな生物が陸橋を経て分布を広げたが、トカラ海峡の北側に分布を広げることはできなかった。イリオモテヤマネコは南琉球までは渡ってくることができたが、中琉球に渡ることはなかった。１７０〜１００万年前頃から、地殻変動による海進のため琉球諸島はいくつもの島々に分断され、その周辺には琉球サンゴ海と呼ばれるサンゴ礁の海が生まれた。これが琉球石灰岩の元になっている。40万年前以降、氷期と間氷期がくり返され、トカラ海峡、ケラマ海裂、与那国海峡によって分断された中琉球、南琉球には固有の生物相が生まれた。

中琉球は、早くから大陸と切り離されたため、固有種の数も多い。奄美大島と沖縄島北部を例にとれば、それぞれ維管束植物１２４種／71種、陸生脊椎動物38種／43種、昆虫類６９３種／７４０種が固有種である。中琉球には、アマミノクロウサギなどかつては大陸にも生息していたが、大陸では絶滅してしまったため、中琉球のみに生息している遺存固有種という固有種が多いのが特徴で

沖縄島北部やんばるで1981年に発見されたヤンバルクイナ

ヤンバルクイナをはじめとするやんばるの小動物を守るために設置された「マングース北上防止柵」

ある。南琉球（西表島）には、維管束植物58種、陸生脊椎動物19種、昆虫類647種であり、イリオモテヤマネコのように大陸に近縁種（ベンガルヤマネコ）が生息しているものの、地理的隔離によって別種あるいは別亜種に進化した新固有種と呼ばれる固有種が見られる。

　このように琉球列島は、大陸島の形成に伴う生物進化の結果が見られる世界でもユニークな場所であり、世界自然遺産の評価基準（x）（生物多様性）を満たすと考えられる。

　もう一つ、琉球列島が同じ亜熱帯にある小笠原諸島と違うのは、その気候である。地球儀で北回帰線、南回帰線周辺の亜熱帯地域をみると、北アフリカ、アリゾナ、南アフリカ、オーストラリアなど亜熱帯高気圧に覆われて乾燥した地域が多いことに気づく。日本においても、小笠原諸島は小笠原高気圧とも呼ばれる高気圧帯の影響で乾燥し、父島の年間降水量は1277㎜に過ぎず、乾性低木林という矮性の樹林に覆われている。これに対して、黒潮や梅雨前線、台風などの影響を受ける琉球列島は、奄美大島で2838㎜、沖縄島北部で2502㎜、西表島で2305㎜に達し、世界でもユニークな亜熱帯雨林が成立している。

奄美群島、沖縄島北部、西表島の森林は、イタジイやオキナワウラジロガシなどが優占する照葉樹林であり、その点では九州の照葉樹林と連続しているとも言えるが、河川に沿って下ってくると河口にはマングローブ林と干潟、サンゴ礁の内側に広がる浅い海であるイノーにはリュウキュウアマモやリュウキュウスガモなどからなる海草藻場が広がり、本州や九州の照葉樹林とは明らかに異なる。これこそが、亜熱帯地域における生態系の連続性であり、世界自然遺産の評価基準（ix）（生態系）に合致する可能性のある琉球列島の価値であると思う。

しかし、残念ながら日本政府が2017年に提出した推薦書には、評価基準（ix）に関しては、大陸島の形成とそれに伴う固有種の進化を育んだ実験場であるとして、評価基準（x）生物多様性と同じ説明が書かれており、亜熱帯の生態系の連続性に関する価値にはまったく触れられていない。また、推薦地域も固有種の生息地である森林のみであり、マングローブ林やサンゴ礁は含まれていない。この問題については、次節で詳しく説明したい。

２０１８年、なぜ登録延期となったのか？

２０１８年５月、ＩＵＣＮによって奄美大島・徳之島・沖縄島及び西表島の評価が登録延期であることが発表された。それでは、なぜＩＵＣＮの評価が、登録延期であったのだろうか？　まずＩＵＣＮの評価書を見てみよう。

・評価基準

日本政府は、評価基準（ix）生態系と（x）生物多様性の二つに当てはまると考えて、推薦書を提出した。しかしＩＵＣＮは、（ix）生態系については、登録地域の分断や持続可能性を理由に、この基準には合致しないと述べている。（x）生物多様性については、沖縄島北部訓練場返還地を国立公園に追加指定し、世界遺産推薦地域に含めると同時に、不適切な構成要素を除外することを条件に、この基準を満たす可能性があると判断している。

生態系の基準（ix）では、世界遺産として顕著な普遍的価値を持った生態系が、永続的に維持されることが求められる。これに対して、生物多様性の基準（x）はそもそも絶滅のおそれのある野生動植物種の保存のための基準なので、すでにその生息地自体が分断されているケースが多い。しかし、気候変動などの将来的な変化があったとしても、生態系や生物多様性が永続するためには、まとまりを持った十分に広い保護地域が必要である。たとえ、現在の生息地が狭い範囲に限定されていたとしても、将来的に生息の可能性がある範囲を広く保護する必要がある。

沖縄島北部やんばるのような、分断された生息地の推薦は、生態系の基準で評価されるには無理がある。生態系の基準で評価してもらうには、亜熱帯の森林から河口のマングローブ、サンゴ礁にいたる連続性を持った流域全体を推薦すべきであった。また、生物多様性で評価されるには、将来的な生物種の存続可能性を高めるためにも、分断された生息地をつなぐよう生息地の連続性を確保する必要がある。返還された北部訓練場を推薦地から除外し、西側にほんのわずかな緩衝地帯を設定しただけで生態系の基準で推薦したのは、そもそも無理があったのではないか。

・完全性の条件

世界遺産作業指針には、完全性とは、⑴顕著な普遍的価値を保護するため必要な地域をすべて含んでいること（不必要な地域が含まれていないこと）、⑵顕著な普遍的価値を将来にわたって維持するため十分な面積を有していること、⑶人為による負の影響を受けていないことの三つである。

奄美大島・徳之島・沖縄島北部及び西表島の推薦書では、構成資産が24箇所の飛び地になっており、とくに沖縄島北部やんばるの構成資産は11の小さな区域（最小のものはわずか3 ha）に分断されている。そのため、奄美大島・徳之島・沖縄島北部及び西表島は、完全性の条件を満たさないと判断された。このような飛び地になった資産によって構成される世界遺産の推薦はシリアルノミネーションと呼ばれる。シリアルノミネーションは、国や地域をまたいでも、同じストーリーでまとめられる資産を一連の世界遺産として推薦する手法であり、日本国内では文化遺産は明治産業遺産をはじめとしてシリアルノミネーションが多い。しかし、自然遺産での事例は島嶼という性質上、シリアルノミネーションにならざるを得ない小笠原諸島だけである。

シリアルノミネーションは、個別では世界遺産になりにくい資産を、一つのストーリーでつなぐことによって、一連の構成資産として世界遺産に推薦するもので、玉石混交となりやすいため、イコモスやＩＵＣＮからは厳しい評価がつけられることが多い。たとえば、カルパチア山脈のブナ原生林は、２００７年にスロバキアとウクライナ国境にまたがる自然遺産として登録されたが、２０１１年にドイツのブナ林、２０１７年にはアルバニア、オーストリア、ベルギー、ブルガリア、クロアチア、イタリア、ルーマニア、スロベニア、スペインのブナ林を加え、カルパチア山脈のブナ原生林とその他のヨーロッパのブナ古代林という名称で拡張された。２０１１年、２０１７年のいずれの世界委員会でも、ＩＵＣＮはこのシリアルノミネーションには、自然遺産としてふさわしくないブナ林が含まれているとして登録延期を勧告している。だが、世界遺産委員会では、国境を超えた自然保護の取り組みが評価され逆転登録されている。

奄美大島・徳之島・沖縄島北部及び西表島が24の構成資産からなるシリアルノミネーションとな

った理由の一つは、国立公園の特別保護地区と第1種特別地域の推薦に固執したため、24の構成資産のうち、100ha以下の狭いものが15箇所、うち4箇所は10ha以下という、世界自然遺産としてふさわしくない推薦となってしまったことである。

もう一つの理由は、推薦書提出直前の2016年12月に沖縄島北部にある米軍の北部訓練場の一部が日本に返還されることが決まったが、2017年2月の推薦時に、北部訓練場返還地を国立公園に編入することは困難であったことである。もし、北部訓練場返還地を国立公園に編入してから、世界自然遺産として推薦していれば、沖縄島北部における100ha以下の構成資産は8箇所から3箇所に減り、10ha以下のものはなくなっていたはずである（図7）。

では、小笠原諸島の推薦もシリアルノミネーションであったにもかかわらず登録勧告を受け、奄美大島・徳之島・沖縄島北部及び西表島はなぜシリアルノミネーションであることが問題とされたのか？ 小笠原諸島の推薦書でも、構成資産は20箇所（岩礁を含めれば100以上）に分断され、100ha以下の構成資産が8箇所、岩礁にいたっては0・1ha以下のものもあったにもかかわらず、これを飛び地と見せない工夫がなされていたのである。小笠原諸島の推薦書の付図をみると（図8）、20箇所の構成資産の外側に、管理計画の主な対象範囲（英文の推薦書ではWorld Heritage Management Area）と書かれたラインが引かれ、これによって20箇所の構成資産は、聟島列島、父島列島、母島列島、北硫黄島、南硫黄島、西之島の6グループにまとまっている。

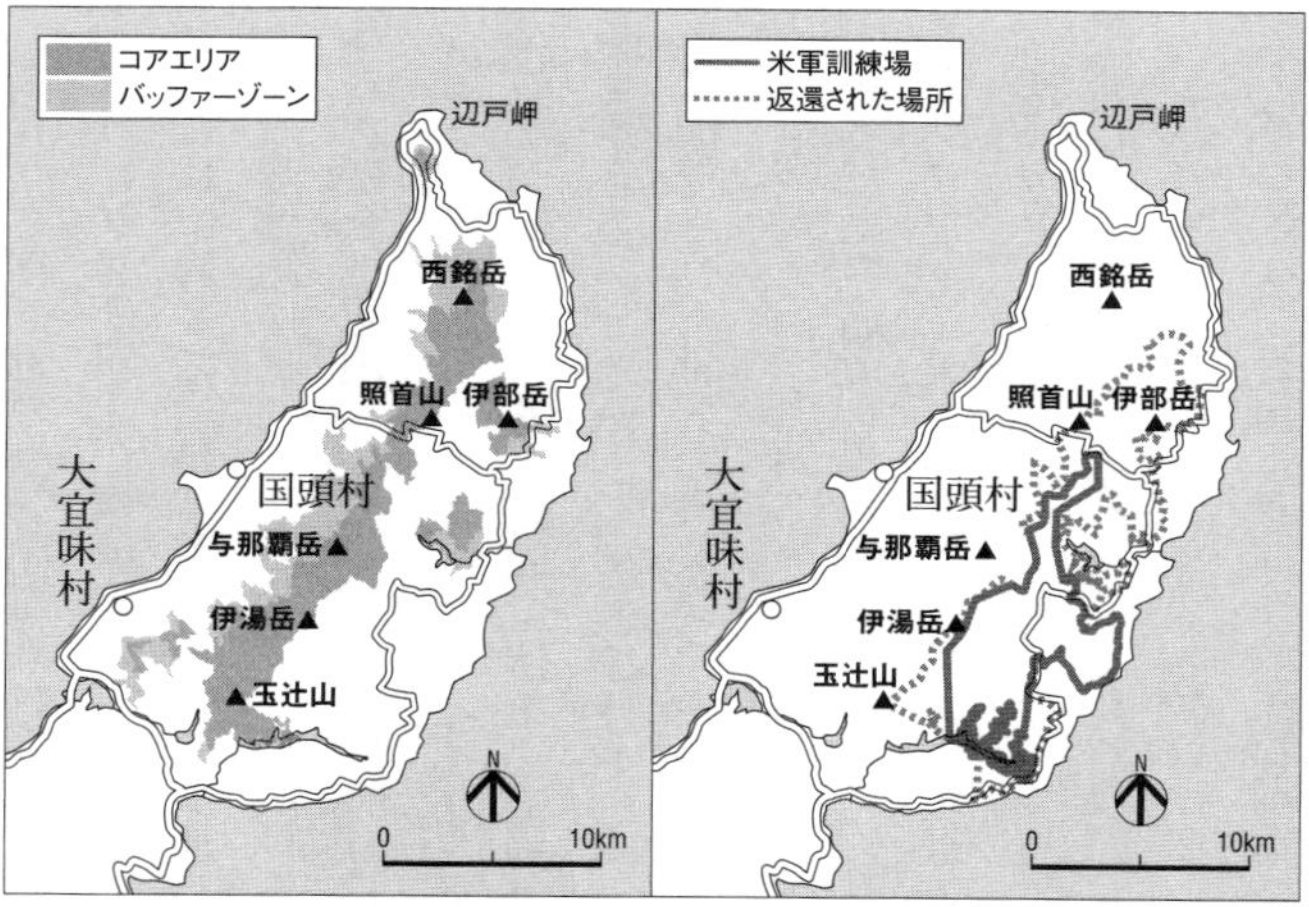

図 7　沖縄島北部の世界遺産推薦地域（左）と米軍北部訓練場（右）の位置図（日本自然保護協会）

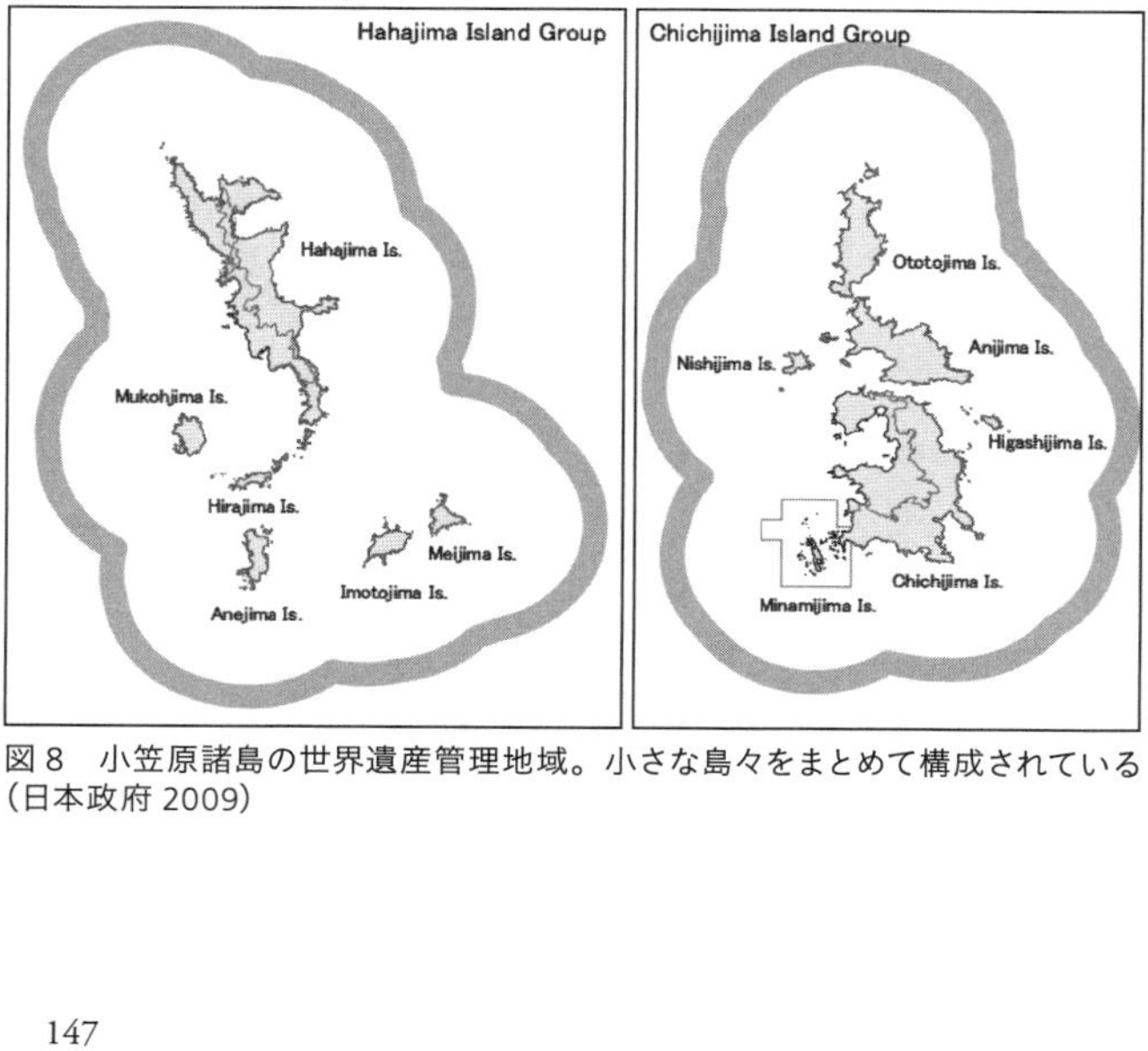

図 8　小笠原諸島の世界遺産管理地域。小さな島々をまとめて構成されている（日本政府 2009）

２００９年5月の小笠原諸島世界自然遺産候補地科学委員会では、日本政府から推薦書の原案が示され、20箇所以上の構成資産がバッファーゾーンもなしに、飛び地のまま推薦されようとしていた。これに対して、科学委員として参加した私は、このまま推薦すれば登録延期となる可能性が高いので、外側にバッファーゾーンを設けるべきであると主張した。しかし、小笠原諸島では陸地のほとんどを推薦地としてしまったので、白神山地や知床のような全体を包み込むようなバッファーゾーンは作りにくい。そこで、２００９年に小笠原国立公園が、海岸から3～5㎞まで拡張されたのを利用して、その範囲全体を「管理計画の主な対象範囲（世界遺産管理地域：World Heritage Management Area)」として設定することを提案した。これは、１９９２年にベネズエラのカラカスで開催された世界公園会議において、ユネスコとＩＵＣＮが世界遺産地域の管理に生物圏保存地域（ユネスコエコパーク）の考え方を導入すべきだという勧告を採択したことを逆手にとったものである。世界遺産管理地域の考え方は、ユネスコエコパークでいえば、バッファーゾーンというよりトランジッションエリアの考え方に近い。しかし、小笠原諸島の場合、外来種問題が大きな脅威であるため、小さなバッファーゾーンをつけるよりも、広めの世界遺産管理地域を設定したほうが望ましい（実際、管理計画の主な対象範囲は、なんと東京の竹芝桟橋から父島までの航路も含んでいるのである)。

ＩＵＣＮは、当初この世界遺産管理地域という図面に面食らったようであるが、もともとＩＵＣ

Ｎが提案した考え方であることもあり、日本政府に「世界遺産管理地域は、実質的なバッファーゾーンの役割を果たすのか？」という質問をし、日本政府がその通りと回答した結果、推薦勧告を受けたものである。

もし、環境省や林野庁や科学委員の中で、小笠原諸島の推薦の経緯が共有されていれば、奄美大島・徳之島・沖縄島北部及び西表島においても、このような方法が取れたのに、かえすがえすも残念なことである。

・その他の勧告事項

ＩＵＣＮは、上記の評価基準への適合と完全性の条件で指摘された、構成資産の選定と連続性、種の長期的保存の可能性、北部演習場返還地の構成資産への組み込みの他に、推薦地の生物多様性に影響を与えるすべての侵略的外来種（ＩＡＳ）の対策、観光管理計画・来訪者管理計画の策定、気候変動による影響のモニタリングシステムなどを求めている。気候変動や外来種に関する勧告は、国が中心となって解決すべきだが、観光管理については地方自治体や観光協会、エコツーリズム協会なども一緒になって、過剰利用とならないような計画を策定する必要があるだろう。

西表島は琉球諸島生物地理区ではないのか？

ＩＵＣＮの評価書には、生物地理学的に理解しがたい記述が1箇所ある。それが西表島の生物地理区分に関する記述である。この問題は、琉球諸島生物地理区の範囲という生物地理学的な問題に収まらず、政治的な問題に発展しかねない微妙な問題を含んでいるので、ここで説明しておきたい。生物地理区の名称にはできる限り、政治的に問題となる地名は入れない方がよいのだが、ＩＵＣＮは「満州―日本混交林区」にみるように東アジアの歴史には無頓着である。

ＩＵＣＮ評価書によれば、「日本には六つの生物地理区があり、西表島はインドマラヤ区（東洋区）の台湾生物地理区に属する」と書かれている。この記述はユネスコが人と生物圏（ＭＡＢ）計画において、地理的代表性を持った生物圏保存地域を設定するためにＩＵＣＮが発行した、ウドゥバルディの「世界の生物地理区」（Udvardy １９７５）に基づいている。しかしUdvardy（１９７５）には、琉球諸島に関して、三つの異なる地図が掲載され、西表島の位置付けは地図ごとに矛盾する記載がなされている。

まず最初に世界の生物地理区を示した図9には、旧北区とインドマラヤ区（東洋区）の境界線は、台湾と西表島の間に引かれ、琉球諸島はすべて旧北区に入れられている。ところが「旧北区」の詳細を示した図10には、トカラ列島から沖縄島までの中琉球を琉球諸島生物地理区として破線で囲み、西表島や台湾はインドマラヤ区（東洋区）に分類されている。さらに「インドマラヤ区」を示した図11には、トカラ列島から台湾までを台湾生物地理区として破線で囲み、琉球諸島・台湾はすべてインドマラヤ区としているのである。このように矛盾した地図を3枚も掲載したウドゥバルディの生物地理区分は、奄美大島、徳之島、沖縄島北部及び西表島の世界遺産登録に大きな混乱をもたらした。

この矛盾の原因を調べるうちに、これには日本自然保護協会会長を務めた沼田眞博士の論文（沼田１９６９）を、ＩＵＣＮの生態学者が誤解して（あるいは欧米流の地理学の知識で解釈して）記載したためにこのような矛盾が生じたものであることがわかった。

ウドゥバルディは、琉球諸島に関して、沼田（１９６９）を引用し、「これまで、トカラ海峡が、旧北区の南限と考えられてきたが、トカラ海峡の南にある琉球諸島は、亜熱帯の植生であることから、我々の体系では旧北区に属す」と書いている。そこで、沼田（１９６９）の記述を見ると、「旧北区と東洋区の動物相の境界線は…渡瀬線であり、屋久島と奄美大島の間にある海峡である。この境界線は、日本列島の植物相と琉球諸島・台湾の植物相との境界線でもある。これは、暖温帯と亜熱帯の境界線でもある」と書かれ、ウドゥバルディの記述はこれとは明らかに矛盾している。ちなみに、ＩＵＣＮの屋久島の評価書には、「屋久島は旧北区と東洋区の境界に位置する」と書かれており、こちらの方が沼田（１９６９）の認識に近い。

ウドゥバルディの生物地理区分のベースとなっているのは、当時IUCNの主任生態学者として自然保護区の適切な配置のために世界の生物地理区分を研究していたダスマンであり、彼がまとめた報告書が、ウドゥバルディに先行して出版されている。この報告書には、「沼田教授から日本の生物地理区分に関してコメントをもらい、境界線および学名に関して変更を行った」とはっきり書かれており、ダスマンが沼田教授からコメントをもらって生物地理区分を変更したことがわかる。そして、ダスマンの報告書に掲載された琉球諸島の地図は、ウドゥバルディの三つの図とも異なり、台湾・琉球諸島を台湾亜熱帯区（Formosan subtropical forest）として、旧北区に所属させている（図12）。

これは、亜熱帯というものに対する日本人と欧米人の考え方の違いによるものではないかと思われる。日本列島から南に旅すれば、より温暖で湿潤な気候となり、植物は旺盛に繁茂し、渡瀬線を超えれば、動物相も日本列島とは異なるものになるため、奄美・琉球列島は亜熱帯であり、温帯よりむしろ熱帯に近いと思うのが常識である。

しかし、ヨーロッパから南に旅すると、夏季に乾燥する地中海気候を経て、中東や北アフリカの砂漠地帯に達する。亜熱帯というのは、根本的に乾燥した気候であり、それを通り越して、赤道付近に達して初めて、温暖で湿潤な熱帯雨林に出会うことになる。従って、ヨーロッパの常識では、温帯から徐々に乾燥に向かう亜熱帯までが連続した旧北区であり、熱帯はそれとは明らかに異なる

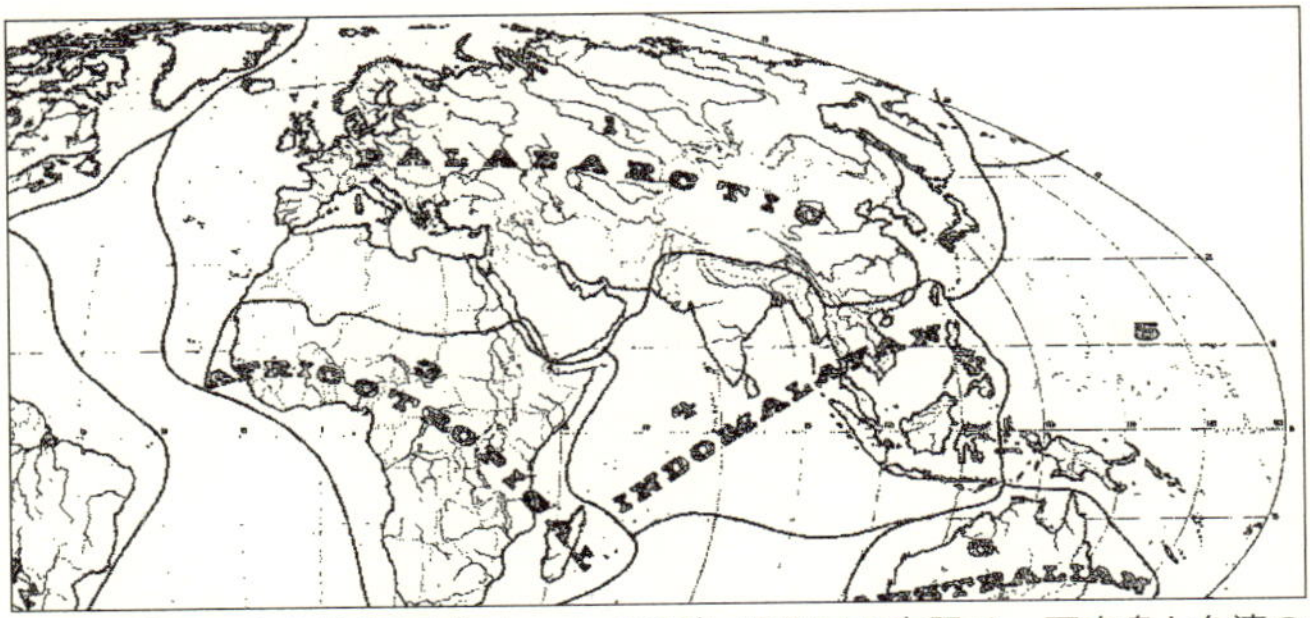

図9　世界の生物地理区（Udvardy 1975）旧北区の南限は、西表島と台湾の間に引かれている

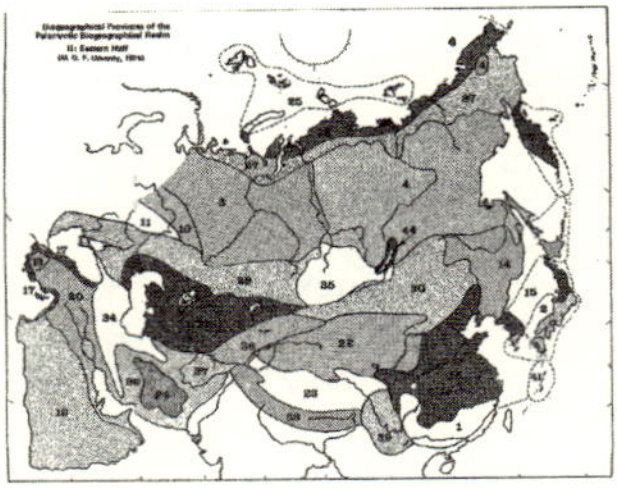
図10　旧北区の生物地理区(Udvardy 1975）41が琉球諸島生物地理区、南琉球は旧北区・琉球諸島生物地理区には含まれていない

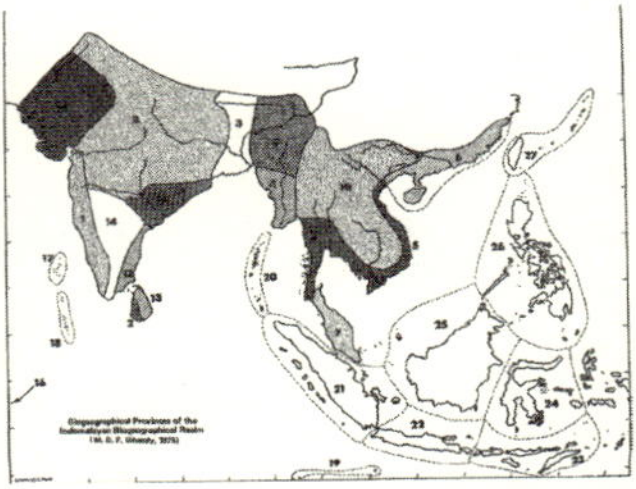
図11　インドマラヤ区の生物地理区（Udvardy 1975）27は台湾生物地理区、琉球諸島全体が台湾生物地理区の一部としてインドマラヤ区に含められている

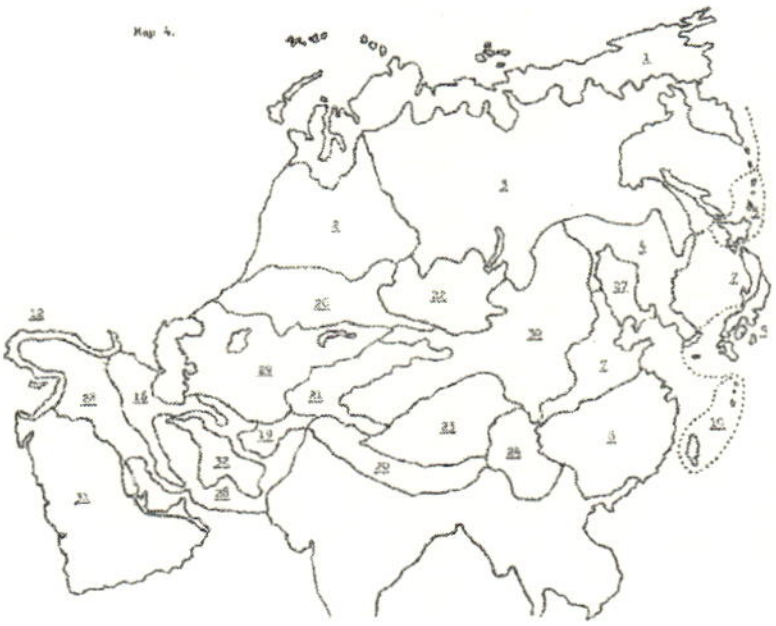
図12　旧北区の生物地理区（Dasmann 1973）台湾および琉球諸島は旧北区

温暖湿潤な地域である。

沼田からダスマンへのコメントは、このように本来の趣旨とは異なる形で引用されたのだが、沼田（１９６９）が引用された意味は大きい。亜熱帯は旧北区に属すという誤解があったにせよ、これがきっかけで「琉球諸島生物地理区」という新たな生物地理区が設定された可能性があるからである。

しかし、ダスマンやウドゥバルディは旧北区の南限について、共通した結論に達することができないまま、ウドゥバルディの生物地理区分が出版され、これが奄美大島・徳之島・沖縄島北部及び西表島の世界遺産登録に混乱をもたらした。

奄美・徳之島・沖縄島北部及び西表島の推薦に関して、西表島のみが台湾生物地理区に属すという根拠のない記述については修正した上で、奄美・徳之島・沖縄島北部・西表島ともに、琉球諸島生物地理区に属すことを説明した推薦書を出し直して欲しいものである。

琉球諸島における人と自然との関係

奄美大島から西表島にいたる琉球諸島は、かつての琉球王国の版図であるとともに、黒潮に乗って運ばれてきた南の文化と日本列島経由の北の文化、中国・台湾経由の大陸の文化が混じり合う文

西表島干立（ほしだて）集落の節祭（シチ）の踊り

竹富島の種取祭（タナドゥイ）の踊り

化のるつぼでもある。

琉球王朝時代の組踊などは、国立劇場おきなわなどの施設でも鑑賞できるが、それぞれの島に伝えられた祭りや踊りは、まさに人と自然との関係を今に伝える無形文化遺産である。せっかく、琉球諸島を訪れるなら、自然遺産だけはなく、祭りや踊りなどが披露される日を選んで旅をしてみたい。祭りや踊りは、稲作行事として行われるものが多い。奄美大島龍郷町のショチョガマは豊作を祈願してショチョガマと呼ばれる祭場を踏み倒す祭りであり、平瀬マンカイはノロ役の女性が海のかなたから農神を招き入れる行事である。西表島や竹富島では、節祭（シチ）あるいは種取祭（タナドゥイ）という豊年祭が行われ、数々の芸能が奉納される。沖縄島北部安田に伝わるシヌグという行事も害虫

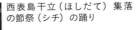

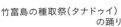

などの災厄を凌ぐ（シヌグ）ために、男たちが藁や植物を刺して山に登る奇祭である。

　奄美群島から沖縄島北部にかけては、共通した森の精霊の伝説がある。奄美大島ではケンムン、沖縄ではキジムナー、特に沖縄島北部の大宜味村ではブナガヤと呼ばれている。河童伝説と類似したところがあり、魚の目玉が好物だとか、蛸が嫌いという共通点もあるが、ガジュマルの木にすむなどの亜熱帯地域独特の特徴もある。現在では、ケンムン、キジムナー、ブナガヤなどは、地域のキャラクターとして、交通事故防止の看板などにも使われている。

　さらに、食文化に関しても、人と自然の関係に関して共通点、相違点が見られる。例えば、奄美大島では、ソテツ食の文化がある。ソテツの実（ナリ）から作ったナリ味噌、ソテツの幹から作るお粥（シンガイ）は、凶作の年の救荒食物としてソテツが重要な役割を果たしていたことがわかる。一方、西表島では、シマオオタニワタリをおひたしやてんぷらなどにして食べる習慣がある。琉球諸島の他の島では、オオタニワタリを食べるという話は聞かないが、台湾で同じような文化があり、台湾ではそのために庭にオオタニワタリを栽培しているのを見て驚いた。

　植物の利用としては、染料としての利用がある。奄美大島では、大島紬が有名であり、シャリンバイ（ティーチギ）の樹皮の煮出し汁で色を染め、鉄分を含んだ泥につけて媒染する。ここでもソテツの葉を入れて、発色を強くする方法がある。沖縄島では、琉球藍による紅型染が有名だが、沖縄島北部の大宜見村喜如嘉（きじょか）ではバショウを使った芭蕉布が伝えられている。この他、

西表島の石垣に植栽されたシマオオタニワタリと新芽のおひたし

シャリンバイ、フクギなどを使った染色も行われている。西表島では、マングローブの構成種であるヤエヤマヒルギを使った染色も行われている。

このように、奄美群島から西表島にいたる琉球諸島には、自然遺産のみならず、伝統的な文化遺産が伝えられている。しかし、世界遺産条約では、首里城や勝連城のような石垣が残っている文化遺産は登録の対象となるが、祭りや踊りや食文化などの無形遺産は対象とはならない（無形遺産に関しては、ユネスコ無形文化遺産条約という別の条約がある）。それでは、琉球諸島は自然遺産としての価値だけが、世界遺産として評価されるということでよいのだろうか？それは違うということは、私よりも奄美・琉球諸島に住んでいる人々がよく知っている。奄美大島出身の考古学者の故中山清美さんが、このような地域遺産に「シマ遺産」という名前をつけている。この場合のシマとは、奄美大島のような大きな島のことではなく、それぞれの集落のことをシマと言う。このシマ遺産という言葉が作られたことで、日本政府が世界自然遺産としての評価を目指すと同時に、奄美大島のそれぞれの集落が、シマの素晴らしい遺産を、自然と文化を区別することなしに掘り起こし、記録する作業が進められてきた。

これまで、白神山地、屋久島に始まり、世界自然遺産に登録された地域では、世界遺産リストに登録された途端に、自然遺産としての価値だけが強調され、地域の人々が大切だと考えてきた地域の遺産が忘れ去られる傾向にあったが、世界遺産の基盤には、このシマ遺産があるのだと言うことを忘れてはならない（図13）。

２０１８年5月に、奄美大島、徳之島、沖縄島北部及び西表島が登録延期となったが、これを機会にもう一度、それぞれの島でシマ遺産を見直し、それを地域の人々が後世に伝えるとともに、世界自然遺産を目当てに訪れた訪問者に対しても、伝えていくための準備期間とすることができればいいと思う。

世界遺産は、地域遺産（シマ遺産）、国内遺産を代表して選ばれている。
世界遺産には、自然遺産と文化遺産の区別があるが、地域遺産、国内遺産では、自然と文化は一体のものである。
まずは地域の人々が文化と自然を区別することなく、地域遺産を評価することが大切。

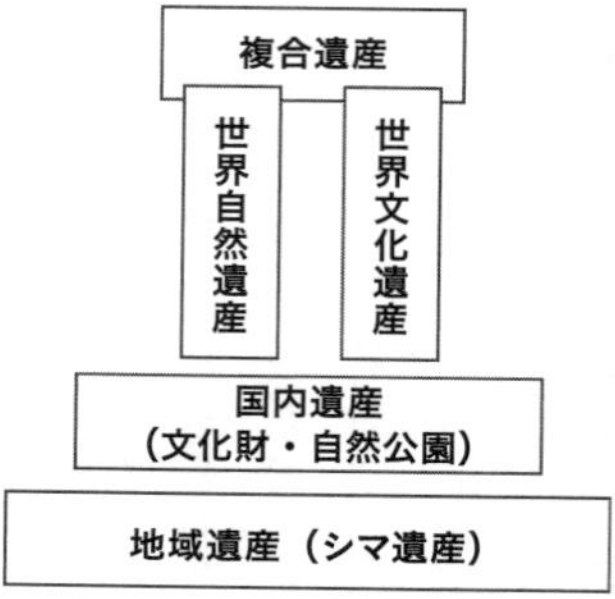

図 13　世界遺産とシマ遺産の関係

第7章　富士山と紀伊山地

文化遺産にとっての自然とは？

世界遺産データシート

遺産名：富士山 – 信仰の対象と芸術の源泉（Fujisan, sacred place and source of artistic inspiration）

所在地：静岡県（静岡市、富士宮市、富士市、裾野市、御殿場市、小山町）・山梨県（富士吉田市、身延町、鳴沢村、富士河口湖町、山中湖村、忍野村）

登録年：2013 年 6 月

登録面積：70,330ha（構成資産 20,702ha、緩衝地帯 49,628ha）

評価基準：(iii) 信仰の対象，(iv) 芸術の源泉

国内法：特別名勝（富士山）、名勝（富士五湖、白糸の滝、三保松原）、特別天然記念物（湧玉池）、天然記念物（忍野八海、白糸の滝、吉田胎内樹型、船津胎内樹型）、史跡（富士山、富士山本宮浅間神社、山宮浅間神社、村山浅間神社、須山浅間神社、富士浅間神社、河口浅間神社、冨士御室浅間神社、人穴富士講遺跡）、重要文化財（富士山本宮浅間神社、富士御室浅間神社、御師住宅）、富士箱根伊豆国立公園

遺産名：紀伊山地の霊場と参詣道（Sacred sites and pilgrimage routes in the Kii Mountain Range）

所在地：和歌山県（新宮市、田辺市、橋本市、かつらぎ町、九度山町、高野町、白浜町、すさみ町、上富田町、那智勝浦町、串本町）、奈良県（五條市、吉野町、黒滝村、天川村、野迫川村、十津川村、下北山村、上北山村川上村）、三重県（尾鷲市、熊野市、大紀町、紀北町、御浜村、紀宝町）

登録年：2004 年 6 月、2016 年 10 月（拡張登録）

登録面積：1 万 2606ha（構成遺産 506ha、緩衝地帯 1 万 2100ha）

評価基準：(ii) 神仏習合にみる宗教文化の隔合，(iii) 紀伊山地の神社と寺院，(iv) 日本の信仰に影響を与えた社寺，(vi) 神聖な山と森林の景観

国内法：国宝（高野山金剛峰寺、吉野山金峯山寺）、重要文化財、史跡、名勝（那智大滝、熊野鬼ヶ城）、天然記念物（那智原生林、熊野速玉大社ナギ、仏教嶽原始林、オオヤマレンゲ自生地）、吉野熊野国立公園

富士山　――文化遺産の背景にある自然的価値

富士山と紀伊山地は、もちろん文化遺産として世界遺産リストに記載されたものであり自然遺産ではない。では、富士山や紀伊山地には、自然遺産としての価値がないのかといえばそんなことはない。自然遺産として推薦しなかったのは、人間側の都合であって、富士山や紀伊山地に自然的な価値がない訳ではない。富士山と紀伊山地は、火山の噴火や花崗岩の隆起によって生まれた地形の上に、山岳信仰が成立し、芸術の源泉ともなったという意味で、自然と文化を切り離して論じることはできない。その意味で、富士山と紀伊山地はまさに、自然と文化の関係を考えるのにふさわしい世界遺産である。

富士山が生まれたのは、約70万年前の小御岳火山の噴火に遡る。小御岳火山は、富士山五合目付近に一部だけ顔を見せているが、ほとんどが富士山の噴出物に覆われているためその姿はわからないが、現在の富士山のような姿ではなく、複数の小さな成層火山で構成されていたと考えられている。その後、約10万年前、古富士火山が噴火活動を開始し、数百年の一度の頻度で、爆発的な噴火活動を繰り返し、現在の富士山の姿に近い成層火山となった。この時に噴出した火山灰やスコリア(軽石)は、関東地方一帯に関東ローム層として積もっている。

新富士火山と呼ばれる現在の富士山の噴火が始まったのは、1万7千年前からと言われている。

新富士火山は、山腹の割れ目から溶岩流を伴う噴火を開始し、静岡県側には三島溶岩、山梨県側には猿橋溶岩などの溶岩流が流れ下った。

縄文時代、富士山は大規模な噴火を繰り返した。4500年前から3000年前、山頂火口から溶岩と火砕流を噴出する火山活動によって、現在の富士山の成層火山ができあがった。2900年前の縄文時代には、富士山の東側が山体崩壊を起こし御殿場側に流れ下った。これは御殿場泥流と呼ばれている。2200年前には山頂火口から最後の大規模噴火が起こり、この時の噴出物は富士山五号目以上を覆っている。縄文人は、激しい噴火を繰り返す富士山を眺めながら、火山に対する恐れと畏敬の気持ちを抱いたに違いない。

史書や日記に記録が残っている時代の噴火としては、平安時代の貞観6年（864年）と江戸時代の宝永4年（1707年）の噴火が最大のものである。

貞観の噴火は、富士山北西部の斜面の割れ目から溶岩流を噴出し、かつては一つの湖であった西湖と精進湖を二つに分断し富士五湖を形成した。また溶岩に覆われた山麓は、現在の青木ヶ原樹海となった。溶岩が流れる際に倒された樹木は、溶岩流に包み込まれ、溶岩の中で焼けて溶岩樹型を作り出した。何本もの樹木を包み込んで溶岩が流れると複雑な形をした溶岩樹型が生まれる。吉田胎内樹型や船津胎内樹型はそのような溶岩樹型である。貞観噴火の五年後の貞観11年（869年）には東北地方で貞観地震が発生し、津波によって多数の死者を出した。平安時代の京都の人々はこ

神奈川県上空から見た富士山

れに対して、疫病や怨霊を鎮めるため御霊会などの儀式を行い、これが祇園祭の起源とも言われている。

宝永の噴火は、貞観噴火とは対照的に溶岩流を伴わず、富士山東南部の斜面の火口から大量の火山灰を噴出し、江戸の町にまで火山灰を降らせ、昼でも暗くなったと言われる。御殿場付近では、田畑が火山灰やスコリアに覆われ、酒匂川には上流から多量のスコリアが流れこみ、河床が上昇し洪水を引き起こした。小田原藩は、自力で再生することは不可能であるとして、領地の半分を幕府に差し出し、幕府直轄による復旧事業が行われた。宝永噴火の49日前には、東海地震、南海地震が同時発生し、地震と噴火との関連性が考えられている。

宝永の噴火以降、富士山は噴火していないが、

2011年の東日本大震災の直後に富士山南部の地下を震源とするマグニチュード6の地震が発生し、すわ富士山の噴火かと話題になったことを忘れてはならない。

富士山がこのような噴火を繰り返して成層火山として成長したのは、富士山の位置と無関係ではない。富士山は、北米プレート、ユーラシアプレートという大陸プレートと、フィリピン海プレートという海洋プレートの3つのプレートがぶつかる世界でも珍しい場所に位置している。プレートの境界では、海洋プレートが水を引き込みながら大陸プレートの下に潜り込むことによって、岩石が溶解しやすくなり、大量のマグマが発生する。周辺の岩石より比重の軽いマグマは、浮力によって地表に向かって上昇し、火山を産み出す。北米プレートとユーラシアプレートの境界にある富士山の下にはフィリピン海プレートが潜り込んでおり、しかもフィリピン海プレートの北上によって伊豆・小笠原弧の島々が衝突を繰り返してきた。もっとも新しいのが100〜50万年前に衝突した伊豆半島である。このように南東から圧力がかかっているため、その北側にある富士山や箱根では噴火が起きやすい条件を作り出されている。貞観の噴火、宝永の噴火が、富士山火口の北西、南東という位置で発生したのも、伊豆・小笠原弧が南東から北西の方向に圧力をかけているためだ。

富士山が、古富士火山の上に新富士火山が重なるようにできた成層火山であることは、富士山の豊富な地下水に影響を与えている。新富士火山の上に降った雨は、火山岩やスコリアの層をすり抜け、古富士火山との境界線を地下水として流れ下ってくる。白糸の滝はこのような溶岩断層の間を流れてきた地下水が地表に現れたものだ。静岡県の富士本宮浅間大社の湧玉池や山梨県の忍野八海なども、溶岩断層を流れてきた地下水が湧出したものである。

このように見てみると、世界文化遺産として登録された富士山の構成資産のうち、約半数は火山、溶岩樹型、湖沼、滝、湧水など、富士山の自然遺産としての価値に文化的な意味を付与したものであることがわかる。

紀伊山地　――文化遺産の背景にある自然的価値

紀伊山地の自然の歴史は、比較的歴史が浅い富士山とは対照的に、日本列島が誕生した約2000〜1500万年まで遡らなければならない。約2000万年前まで、大陸の一部であった日本列島は、日本海の拡大によって南に移動し始める。まるで大陸移動説のようだが、この説を最初に唱えたのは物理学者であり、エッセイストとしても有名な寺田寅彦である。しかし近年、日本列島の岩石の地磁気の研究から、西日本は時計回りに45度、東日本は反時計回りに25度も回転しながら500万年ほどかけて現在の位置に移動してきたことがわかってきた。1500万年前には、東日本は海中にあったが、西日本は陸地となっていた。これはフィリピン海プレートの一部である四国海盆が西日本の下に潜り込み始めたからである。現在、南から北へ沈み込んでいるフィリンピン海プレートは、当時西から東へと拡大し、四国海盆を作るとともに、伊豆・小笠原弧を現在の位置まで移動させた。四国海盆はその拡大に伴ってできたばかりの熱を持った海盆であったため、西日本に沈み込んだ途端に活発な火山活動が始まった。

紀伊半島では、熊野カルデラと呼ばれる長径40㎞×短径20㎞の巨大カルデラが噴火した。阿蘇カルデラが、25㎞×18㎞なので、熊野カルデラの噴火は日本列島で最大の噴火であったと言われる。そういわれれば、現在は火山らしい火山が全くない紀伊山地に湯ノ峰温泉をはじめとする温泉が湧いているのも納得がいく。

熊野那智大社、熊野本宮大社、熊野速玉大社など、熊野三山と呼ばれる聖地は全てこのカルデラの中に入ってしまう。熊野カルデラの巨大噴火の後も、地中に残されたマグマはゆっくりと冷えて固まり、巨大な花崗岩の塊となった。他の岩石と比較して比重の軽い花崗岩は浮力によって上昇し、地表に姿を表すと、標高1900mに達する紀伊山地を形成した。

人類が地球上に誕生するずっと前の1500万年前のことなので、人間が噴火を目撃して信仰心が生まれたということはありえない。しかし、那智の大滝や熊野速玉大社の近くにある神倉神社の巨石など、熊野の信仰はこのような火山活動やそれに続く花崗岩の上昇によってうまれた地形や地質に対する畏敬の念から生まれたものである。

黒潮の流れに近く、本州で最も降水量の多い紀伊山地は「木の国」とも呼ばれるように、鬱蒼と

那智大滝。1500万年前の火山噴火後の花崗岩の隆起が日本最大の滝を作った

した森林に覆われている。低標高地には、スダジイ、ウバメガシなどの照葉樹林が分布し、高標高の高野山（標高800m）にはモミ、ツガ、コウヤマキ、護摩壇山（1382m）から大塔山（1122m）にかけてはブナ林が分布している。紀伊山地最高峰の八経ヶ岳（標高1915m）や大台ケ原（標高1695m）には亜高山帯のトウヒやシャクナゲが見られる。紀伊山地は鬱蒼とした森林に覆われているがゆえに、ツキノワグマ、ニホンカモシカなどさまざまな野生動物の生息地として知られる。20世紀初め、ニホンオオカミが最後に目撃されたのも紀伊山地である。八経ヶ岳のオオヤマレンゲは天然記念物にも指定されているが、大台ケ原のトウヒ林はニホンジカによる食害が問題となっている。

一方、紀伊山地は、古くから吉野杉に代表される林業地でもあり、吉野杉は豊臣秀吉による大坂城や伏見城の築城にも用いられた。江戸時代になると、醤油樽、味噌樽など樽材としての需要が高まった。和歌山県の熊野杉、三重県の尾鷲檜もブランド化されている。しかし、２０１１年に紀伊半島を襲った台風12号は紀伊山地に土砂災害をもたらし、スギ・ヒノキの人工林は大きな被害を受けた。

鬱蒼とした森林で覆われているがゆえに、紀伊山地は人々の信仰の対象となってきたとも言える。イコモスによる紀伊山地の霊場と参詣道の評価書は、高野山、吉野山、熊野三山の構成資産の評価に入る前に、吉野山の桜、熊野速玉大社のナギ、那智大社の原始林、高野山のスギ林、大峯奥駈道の森など、森林の美を紀伊山地の特徴として挙げている。外国人の目には、紀伊山地の霊場は森林という背景を前にしてこそ人々の信仰を集めてきたと見えたのである。

山岳信仰 ――富士山と紀伊山地をつなぐもの

日本の山岳信仰は、神道と仏教を習合した修験道に由来している。しかし、その背景には、圧倒的な力を持った自然を畏れる気持ちがあったことは間違いない。

富士山本宮浅間大社の発祥も、最初は山宮浅間神社のように社殿はなく、富士山そのものを御神体として遥拝することから始まっている。平安時代には、竹取物語にも登場するように噴煙を上げる富士山は、遥拝の対象ではあっても、登山の対象ではあり得なかった。

平安時代末の1149年、小康状態となった富士山に、駿河国の末代上人《まつだいしょうにん》が登拝し、鳥羽法皇が写経した経典を埋経したと伝えられる。神は仏が姿を変えてこの世に現れたとする本地垂迹《ほんちすいじゃく》思想によって、浅間大神は浅間大菩薩と呼ばれ信仰を集めるようになる。駿河国村山口を拠点とする修験は村山修験と呼ばれた。

江戸時代になると、一切衆生の救済を願い、富士山北麓で苦行を重ねた角行上人《かくぎょうしょうにん》、富士山北口の烏帽子岩で断食入定を果たした食行身禄《じきぎょうみろく》の修行が江戸に伝わり、江戸八百八講と呼ばれるほど富士講が盛んになった。吉田口には登拝者の宿泊・ガイドの宿として、御師集落が整備され、江戸末期には93軒に達した。富士登拝がかなわない江戸の町民はお金を集めて、町内の代表が代わって登拝する代参講も盛んになった。また、江戸のあちこちに富士塚が築かれ、葛飾北斎の富嶽三十六景、安藤広重の不二三十六景など浮世絵でも庶民に親しまれるほどになった。これが、19世紀のヨーロッパに伝わり、モネ、ゴッホなどに大きな影響を与えたことも、世界文化遺産登録の一つの理由となっている。

紀伊山地における山岳信仰は、7世紀に役小角《えんのおづぬ》が吉野山において修行し、蔵王大権現を桜に彫って勧請したことに始まると言われる。役小角は、人々を惑わすと讒言され、伊豆に流されたと伝えられる。9世紀には、理源大師聖宝が金峯山に堂を建て、吉野から金峯山への道を整えたと言われる。

平安時代、11世紀となると末法思想の広がりから、貴族が吉野、熊野に詣でるようになり、藤原道長が金峯山に経塚を作ったと言われる。ブッダ入滅後、1500年後には仏法が衰える末法の時代が1万年続くと信じられ、末法の時代が終わっても仏法が残るようタイムカプセルに入れた経典を聖地に埋めることが流行した。これが、吉野熊野のみならず、富士山にまで伝わったのが末代上人による埋経である。11世紀末、浄土思想から極楽浄土を求める貴族たちが熊野詣をはじめると、現世利益を求める庶民も熊野を目指し、蟻の熊野詣と呼ばれるほどになる。

熊野詣は、死出の旅として白装束に身を包み、御師が先導して参詣を行った。また熊野の先達や比丘尼は、那智参詣曼荼羅などを持って、全国を巡り、山岳登拝者を誘致した。この曼荼羅図を使った登拝者誘致のノウハウは、富士山や立山の修験者にも伝わり、富士講や立山講、立山曼荼羅などに繋がっている。また全国に熊野神社、浅間神社が分布するのも、全国を巡って登拝者を誘致した修験者のネットワークによるものである。

明治時代になると、神道を仏教から切り離し、国家神道を確立する妨げになるとして、神仏分離令（1868）、修験道禁止令（1872）が布告され、山岳信仰は壊滅的な打撃を受けることになる。勤王思想が強かった奈良県の十津川では、村内にあった54の寺を全て破壊し、全戸が神道に改宗した。石仏は谷に投げ捨て、木像は全て焼却するという徹底的な文化財破壊が行われた。

神倉神社。花崗岩の隆起によって作られたゴトビキ岩という巨岩を祀る神社で磐座信仰を今に伝えている

熊野本宮。明治22(1889)年の水害までは川の中洲に鎮座し、参拝者は川で身を清めて参拝していた

明治39(1906)年には、町村合併と同時に、小さな社を一町村一神社に合併し、国家神道を確立させる神社合祀令が出される。この神社合祀令によって、最も多くの神社を失ったのは三重県と和歌山県であり、三重県では9割の神社が廃止されることになった。和歌山県では、博物学者の南方熊楠が神社合祀令に反対し、賛同した柳田國男らが南方二書として冊子にして、東京の有識者に訴えた結果、神社合祀令は撤回され、熊野古道の多くの社が残された。

このように歴史を振り返ると、大陸から仏教が伝わって以降、神道を捨てるのではなく、神仏習合の山岳信仰を生み出した先祖の懐の深さを考えざるを得ない。その背景には、火山にせよ、滝や巨岩にせよ、自然への畏敬の気持ちがあったからこそ、神も仏も同じだと思えたのではないだろうか。それに比べると、明治になって西洋の合理主義が入ってきた途端に、神仏を分離し、修験道を迷信と言って切り捨て、小さな神社は鎮守の森もろともいとも簡単に破壊して、国家神道に統一するという暴挙が行われた。

本来、自然と文化を一体のものとして保存する条約であった世界遺産条約が、世界遺産リストに登録するためのクライテリアを作った途端にそれに縛られて、自然と文化を切り離しているのは、これに少し似てやしないかと思えてしまう。

富士山の世界遺産登録時の課題

1992年に日本が世界遺産条約に加盟すると、富士山を世界遺産とする連絡協議会などが設立され、富士山の世界遺産登録を目指す運動が開始された時点では、文化遺産ではなく、自然遺産への登録が目標であった。しかし静岡新聞社が主催したシンポジウムで、国際自然保護連合（IUCN）のゲストを招いて議論が行われ、自然遺産を目指すにはあまりに自然保護上の課題が多いことが明らかになった。当時、山小屋のトイレは旧式で、し尿やトイレットペーパーが下流に垂れ流しの状態で「白い川」と呼ばれたりした。また富士山麓には、産業廃棄物や家電などのゴミの不法投棄があり、毎年40トンものゴミを回収しなければならない状態であった。五合目まで通じている富士スバルラインの駐車場は自家用車で溢れ、立体駐車場を建設しようという計画まであった。

世界自然遺産に登録するには、自然遺産の評価基準を満たすだけではなく、生態系が人為的に大きな影響を受けずに保全されているという完全性の条件を満たさなくてはならないが、この状態ではとても完全性の条件をクリアすることは難しいと思われた。「富士山が世界自然遺産になれないのはゴミのせい」という毎日新聞社のキャンペーンは、自然遺産が難しい理由を正確に説明しているとは言えないが、富士山クラブとの共催による富士山クリーンツアーは富士山の自然保護問題を広く知らせるのに役立った。

２０１３年に環境省・林野庁による「国内の世界自然遺産候補地に関する検討会」が開催され、富士山は19カ所の詳細検討地域の一つに選ばれたが、優先的に世界自然遺産登録を推進する3カ所（知床、小笠原諸島、琉球諸島）には選ばれなかった。マスコミは、「富士山は世界自然遺産候補から落選」と報じたが、これが正確でないことは、環境省のホームページに掲載されている検討会の議事録を見ても明らかである。富士山を含む16カ所は、現段階では顕著な普遍的価値を証明する材料は見当たらないが、将来的に新たな事実が見つかれば世界自然遺産候補地となりうる地域という位置づけであり正確には落選ではない。しかし、このことが、富士山を世界文化遺産として登録するという動きに繋がったことは事実である。

世界文化遺産に方針転換した富士山は、文化遺産の評価基準（iii）富士山を居処とする神仏への信仰、（iv）山岳信仰と芸術活動を通じた山岳景観の顕著な事例、（vi）富士山をモチーフとする芸術作品への影響の3つの基準で推薦されたが、2013年の世界遺産委員会では、（iii）、（vi）の2つの基準のみが評価された。そのため、「富士山―信仰の対象と芸術の源泉」という副題がついた文化遺産として世界遺産リストに登録された。登録にあたって問題となったのは、数十キロも離れた三保ノ松原を世界遺産に含めるかどうかであった。イコモスは、富士山とは関係のない海岸を無理に加えようとしていると判断し削除を求めたが、富士山曼荼羅図を見ればわかるように、三保ノ松原は、富士山本宮浅間大社から山中の宗教施設を経て、神仏の世界である富士山頂へ向かう旅の出発点に位置づけられている。世界遺産委員会では、全会一致で三保ノ松原を含めることが了解された。

一方、世界文化遺産の評価基準を検討する過程で、評価基準（vii）自然美を、富士山に適用してはどうかという意見もあった。富士山の自然美は、浮世絵などを通じて世界に知られており、幕末に日本を訪れた多くの外国人は、初めてみる富士山の美しさを絶賛している。しかし、現実的には（vii）自然美の基準は自然遺産の基準の一つであり、IUCNが判断することになっている。世界自然遺産とするにはハードルが高いと考えて、世界文化遺産を目指してきたのに、自然遺産の基準を適用して、IUCNの現地調査も受け入れるとなると、環境省との調整も必要になり、世界遺産登録が先延ばしになる可能性があるため、（vii）自然美の基準で推薦することはなかった。だが、もし（iii）信仰の対象、（vi）芸術の発展に加えて、（vii）自然美で評価されれば、日本初の複合遺産が登場したのに返すがえすも残念だ。ＩＵＣＮは２０１３年に、「評価基準（vii）の適用に関する研究 - 世界遺産条約における優れた自然現象・例外的な自然美を考える」を出版しており、もし富士山が（vii）自然美の基準の適用を考えていたら、良いケーススタディーとして取り上げられる可能性はあったのではないかと思う。

２０１３年、カンボジアのプノンペンで開催された世界遺産委員会で、富士山が世界遺産リストに登録された際に、以下のような決議が採択された。

・アクセスや行楽の提供と神聖さ・美しさという特質の維持という相反する要請に関連して、資産の全体構想（ビジョン）を定めること
・神社・御師住宅およびそれらと上方の登山道との関係に関して、山麓の巡礼路の経路を特定し、それがどのように認識、理解されるかを検討する
・上方の登山道の収容力を研究し、その成果に基づき来訪者管理戦略を策定すること
・上方の登山道およびそれらに関係する山小屋、トラクター道のための総合的な保全手法を定めること
・来訪者施設（ビジターセンター）の整備及び個々の施設における説明の指針として、情報提供（インタープリテーション）を行うために、構成資産の一つ一つが資産全体の一部として、山の

上方及び下方（山麓）における巡礼路全体の一部として、認知・理解され得るかについて知らせるための情報提供（インタープリテーション）戦略を策定する

私は、富士山の世界遺産登録後から学術委員会の一員として、特に三つめの登山道の収容力の研究に基づく来訪者管理戦略の策定に関わったので、それについて説明したい。

富士山には、7月から9月のわずか3ヶ月間で、20〜30万人が登山する。2000年代前半は20万人前後で推移していたが、2008年に30万人を超え、世界遺産に登録された年まで、この状態が続いていた。とくに7〜8月の週末には、1日の登山者が7000人（吉田口4000人、富士宮口2000人、その他1000人）を超える日が5日前後あり、この状態となると山頂付近では渋滞が発生し、登山者と下山者のすれ違いで危険を感じるような「著しい混雑」が生じる。

山梨・静岡両県は、2015年から2017年の3年間、五合目から山頂を目指す登山者にGPSロガーをつけてもらい、どこで混雑が生じるのかを明らかにするとともに、登山者にアンケートを行い、登山者の満足度や混雑や危険を感じた登山者の割合などを調査した。その結果、1日の登山者数が7000人を超えた日の翌日のご来光時に、九合目から山頂の数カ所で著しい混雑が生じることが明らかとなった。この状況では、他の登山者との距離は30センチ以内となり、ストックやザックがぶつかり合う混雑となる。登山者のアンケートからは、登山道の人の多さが許容できない、あまり許容できないと回答した人の割合が35％、無理な追い越しがあったと回答した人の割合

富士山吉田口登山口において行われている環境保全協力金の徴収の様子

登山客で混雑する夏山シーズンの富士山

は25%にのぼる。

これに対して、山梨・静岡両県では、混雑予想カレンダーを作成し、インターネットで情報提供する、五合目に向かうシャトルバスの運行時間を早めて夜間登山（いわゆる弾丸登山）を減らす、マイカー規制を継続するなどの方法によって、著しい混雑日を、5日から2日に減らすことを目指している。

この計画は、富士山ビジョンに盛り込まれ、2018年12月には保全状況報告書の一部として世界遺産センターに報告される。

富士山のように登山者が多い山で、これだけ詳細なデータに基づく対策が取られるのは初めてのことであり、そのことは評価できる。しかし、著しい混雑日を減らすというあたりまえのような対策で、ユネスコやイコモスが納得してくれるかという心配は残る。世界遺産委員会の決議で求められた来訪者管理計画は、果たしてこの程度の対策でよかったのか。それは２０１９年の世界遺産委員会でわかることになる。

私個人としては、富士山五合目以上の混雑を回避し、信仰の対象としての神聖さと芸術の源泉としての自然美を維持するためには、富士登山を予約制とすることが望ましいと考える。

完全予約制としている事例としては、ニュージーランド南島の世界遺産テ・ワヒポウナムにあるミルフォードトラックがある。４日間で53・５㎞を歩くトレールは、１日でガイド付き48人、個人40人、合計88人の完全予約制となっている。やはり世界遺産となっている米国のヨセミテ渓谷では、ハーフドームへの登山道が、24週間前から１日50人を上限とした事前予約と１日25人の当日予約の計75人の部分予約制となっている。

富士山の場合、いくつかの登山口があるため、ゲートを設けて当日受付するのはなかなか難しい。むしろ、インターネットなどを利用して、事前に予約することを必須とすることで、混雑緩和と同時に、山小屋の予約や環境保全協力金の支払いを同時に行えるシステムとすることが考えられる。また、２０１４年の御嶽山の噴火による事故などを考えると、事前予約制とすることで、誰が登山しているのかがわかり、万が一の場合も対処がしやすくなる。登山者の25％が外国人であるという調査結果もあり、万が一の場合、誰に連絡をとったらいいのかもわからないのが現状である。何よりも、夏山とはいえ、標高３７７６ｍの高山に登山することに関する心構えや注意事項などを伝達することも可能になる。外国人登山者の中には、十分な装備なしに軽装で登り始める人もいる。富士登山を予約制にすることについては、観光関係者の懸念が大きいかもしれないが、長期的にみれば富士山の自然環境の保全と来訪者の満足度の向上につながるのではないかと思う。

また、富士登山が単なるレクリエーションではなく、富士山への畏敬の念を持って登拝する修験の登山や富士講から始まっていることを想いおこすため、例えば7月の山開きの日だけは、白装束に金剛杖というういでたちで登山するなど、世界文化遺産にふさわしい仕掛けが必要なのではないだろうか。

富士山・紀伊山地における自然と文化の関係

最後に、富士山・紀伊山地における自然と文化の関係について、もう一度考えて見たい。

富士山・紀伊山地の自然と文化の関係は、図14のように、まず日本列島を取り巻くプレートの動きによって地学的な自然が生まれ、そこに鬱蒼とした森林や野生生物などの生物学的自然が重なり、それらの自然をベースとして山岳信仰、社寺、参詣道、文学、絵画などの文化が育まれてきた。

世界遺産条約の作業指針に従えば、地学的自然が顕著な普遍的価値を持つと判断されれば評価基準（viii）に基づき自然遺産、生物学的自然が顕著な普遍的価値を持つと判断されれば評価基準

（ix）または（x）に基づき自然遺産に登録される。自然と人間との関係において、自然美が顕著な普遍的価値を持つと判断されれば評価基準（vii）に基づき自然遺産、信仰や芸術など顕著な普遍的価値を持つ出来事と関連していると判断されれば評価基準（vi）に基づき文化遺産として登録される。

　世界遺産がこのような評価基準を設けて、顕著な普遍的価値を持つものだけを世界遺産リストに登録するようにしていること自体は、やたらに世界遺産リストの数を増やしてしまわないためにも必要なことである。しかし、富士山や紀伊山地の例に見るように、文化遺産としての価値が、地学的自然や生物学的自然を背景として生まれてきた遺産の場合、自然遺産としての価値を無視して、文化遺産の価値を評価することはできない。

　世界遺産条約に携わる専門家ほど、この評価基準

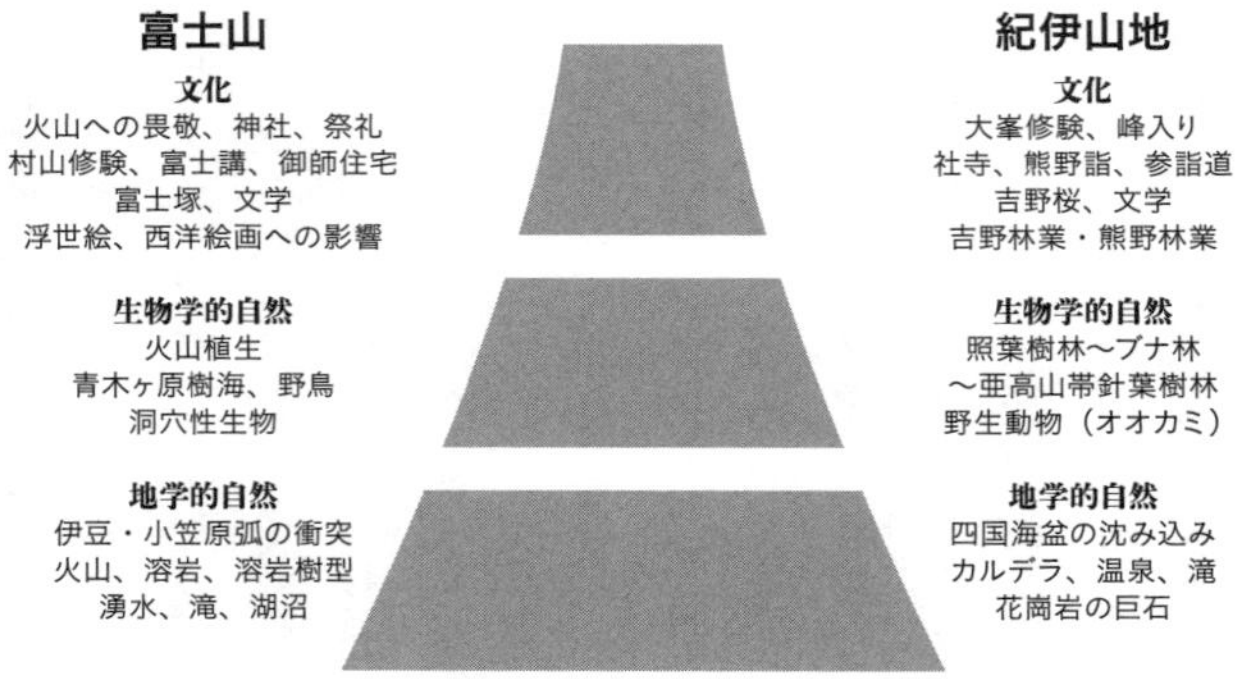

図 14　富士山と紀伊山地における自然と文化の関係

に縛られてしまって、本来の自然と文化の関係性を忘れているような気がする。まずは私たちが、自然遺産、文化遺産という世界遺産条約がこしらえた、自然と文化の境界性をとりはらって、富士山や紀伊山地の自然と人間との関係を見つめ直すことから、始めるべきであろう。

最終章　ふたたび世界遺産条約を問い直す

世界遺産条約そのものの危機

世界遺産条約は、アスワンハイダムの建設からヌビアの遺跡を救済した国際協力から始まった。そのため、世界遺産リストの他に、危機にさらされた世界遺産リスト（危機遺産リスト）という制度があり、２０１８年現在、54カ所（うち15カ所が自然遺産）が危機遺産リストに掲載されている。この危機遺産にも問題はあるのだが、それ以前に私には世界遺産条約という制度そのものが危機に瀕していると思える。

２００８年にカナダで開催された世界遺産委員会において、世界遺産条約40周年を前に世界遺産条約の将来をどうすべきかが議論された。ＩＵＣＮはこの議論に際して、「世界遺産条約の将来——今後20年の課題」という文章を発表し、次のように警告している。

「世界遺産条約は転換点に達している。世界遺産リストに登録することに熱中することから、登録された世界遺産の価値を維持することに集中すべき時期にきている。…ＩＵＣＮが最もよく耳にする世界遺産リストへの批判はたぶん世界遺産の基準の低下である。世界遺産がどこにでもあれば、それはもう特別な場所とは言えなくなる。…世界遺産委員会は転機にあたり基準を維持するという重要な役割を果たすことが最重要課題である。」

このＩＵＣＮの危惧は、その後の10年で決定的になった。世界遺産リストの数は１０００を超え

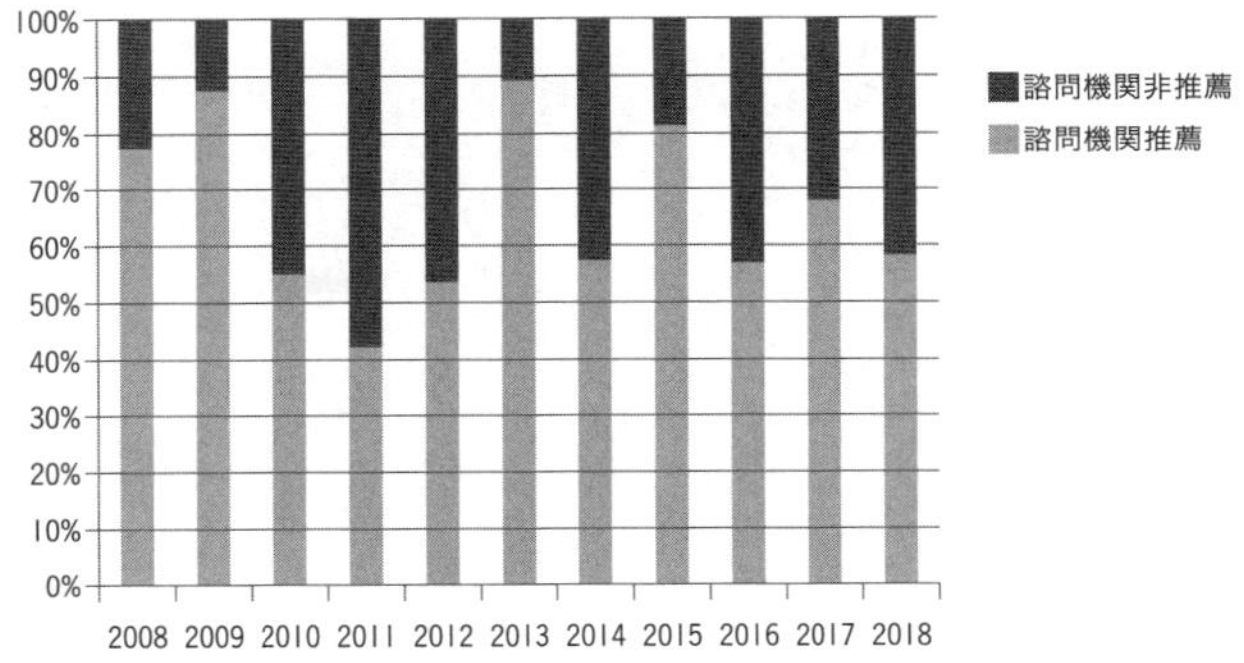

図15　世界遺産リスト登録数に占める諮問機関非推薦案件の割合
(新規登録のほか、拡張登録などを含む)

たが、世界遺産リストに登録することを望む加盟国の動きは、ますます強いものになっている。しかも、この10年で、諮問機関（IUCNやイコモス）が「登録延期」など登録を推薦しない評価を行ったにも関わらず、世界遺産委員会において逆転登録される案件が増えている。2008年から2018年までの11年間を見ると2010年からこの傾向は顕著になり、平泉と小笠原諸島が登録された2011年には半数以上が逆転登録、この10年の平均で3分の1が逆転登録である(図15)。どうしてこのようなことが起きるのだろうか？一つには、諮問機関が一つ一つの推薦を基準に基づいて厳正に審査するのに対して、世界遺産委員会は地域バランスを考慮に入れて世界遺産リストづくりをしようとする傾向があるためだ。

1994年には、世界遺産リストをバランスのとれた信頼性と代表性のあるリストとするためのグローバルストラテジーが採択されているが、この中のバランスと信頼性が矛盾を来たすのである。２０１８年現在、世界遺産リストに登録されている遺産１０９２のうち５１４（47％）がヨーロッパ・北アメリカにある。自然遺産の場合は、ヨーロッパ63よりもアジア・太平洋65の方が多いが、文化遺産の場合、８４５のうち４４０（52％）がヨーロッパ・北アメリカに分布している。これに対して、アフリカが95、アラブ諸国が84でいずれも全体の９％未満である。世界遺産の数のアンバランスは明らかであり、世界遺産委員会ではアフリカやアラブ諸国からの推薦案件については、諮問機関が登録延期という評価をしたとしても、世界遺産委員会においてアフリカやアラブ諸国からの推薦はできる限り優先しようとする気持ちが働き、逆転登録案件が増えてしまう。

２０１１年には半数以上の推薦案件が、諮問機関の評価に反して逆転登録された。２０１８年の世界遺産委員会では、イコモスが「登録不可」と評価したサウジアラビアの文化遺産が、委員国の判断で大逆転「登録」されるという事態まで起きている。

ＩＵＣＮはこのような登録を「毒入りの林檎（Poisoned Gift）」と呼び、「登録延期」の評価は決して候補地の価値を下げるものではなく、十分な保全管理ができるよう加盟国に時間を与えるものだと説明している。世界遺産委員会の開会式前のオリエンテーションでは、毎年、この説明が行われるのだが、実際に世界遺産委員会が始まると逆転登録が相次ぐというのが恒例になっている。この状況が続けば、世界遺産リストに登録されたものの、すぐに危機遺産リスト入りするような案件が増えてしまい、結果的に世界遺産リストの価値を落とすことになる恐れがある。

では危機遺産リストの方は、どのような状況なのだろうか？

２０１８年６月の世界遺産委員会では、ベリーズのベリーズバリアリーフが、危機遺産リストから削除された。ベリーズバリアリーフは、１９９６年に世界遺産リストに登録されたが、２００９年にマングローブの伐採、油田開発計画などの理由で危機遺産リストに掲載されていたが、油田開発が中止となり、マングローブの保護も進展したことから、危機遺産リストから削除されたものだ。このように、危機遺産リストへの記載が、開発の中止や自然保護に繋がって、危機遺産状態を脱することが理想的だが、実際にはなかなかうまくゆかない。

一つの理由は、危機遺産リストというものを、国際協力によって危機にある遺産を救済するという本来の趣旨とは異なり、加盟国にとって不名誉なこと、あるいは加盟国に対する懲罰のように考える国が多くなってしまったことだ。例えば、２０１２年にＩＵＣＮが提案したロシアのコミ原生林、セントルシアのピトンズ管理地区、ケニアのツルカナ湖、カメルーンのジャー野生生物保護区の4件の危機遺産リスト掲載は、全て世界遺産委員会で否決された（ケニアのツルカナ湖は２０１８年の世界遺産委員会で危機遺産に登録された）。

このうち、ロシアのコミ原生林は、１９９５年に世界遺産リストに登録されたが、ＮＧＯからの告発により世界遺産地域内で金の採掘が行われていることがわかり、しかもロシア政府はその許可を出すためユネスコ世界遺産センターや世界遺産委員会に報告せずに保護地域の境界線変更まで行っていたのである。これはどう考えても危機遺産リストに掲載すべき案件だが、世界遺産委員会の議長を務めていたロシアは、危機遺産リスト掲載には当該国の同意が必要だとして危機遺産リスト掲載を退けてしまった。ちなみに、危機遺産リスト掲載は、世界遺産リストとは異なり、NGOから提案することもできるし、当該国の同意は必要ない。世界遺産委員会が決めれば、危機遺産リストに記載されるのが本来のルールである。

しかし、これ以来、世界遺産委員会は、当該国が危機遺産リスト入りを拒否すれば、当該国と親しい委員国が反対して危機遺産リストへの掲載ができない状態が続いている。2015年4月にネパールで発生したM7・8の地震では、世界文化遺産であるカトマンズ渓谷の文化遺産は大きな被害を受けた。自然災害は、油田開発や金の採掘とは異なり、加盟国政府の責任ではなく、何も恥じる必要はないのだが、ネパール政府は2015年以来、危機遺産リスト入りを拒否し続け、2018年の世界遺産委員会でも危機遺産リストには入らなかった。

危機遺産リストの制度が機能しなくなってしまったのは、それだけではなく危機遺産を救済するために設置された世界遺産基金が危機的な状況となり、危機遺産リストに掲載するメリットが少なくなっているという点も挙げられる。

世界遺産基金の収入は、2年に1回、加盟国がユネスコの分担金の1%を拠出することで成り立

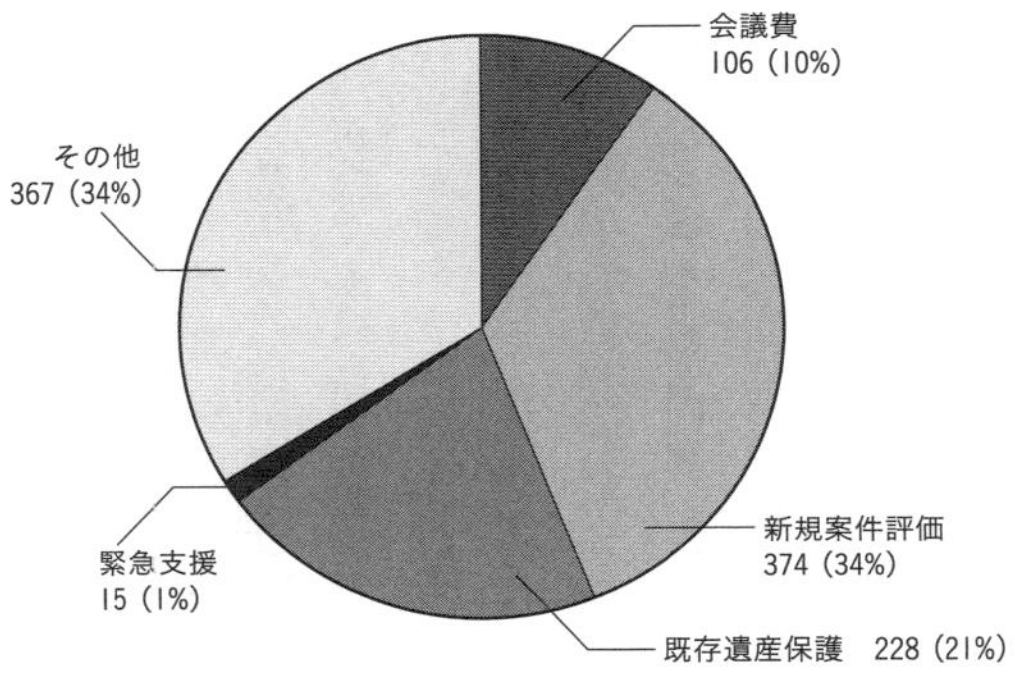

図16　世界遺産基金の支出（2016-2017年／単位＝万ドル）

っている。加盟国からの分担金は2016～2017年の2年間で400万ドル、任意の拠出金や寄付金を合わせても950万ドルに過ぎない。米国がパレスチナのユネスコ加盟に反対して、ユネスコから脱退したため、最大の拠出国は日本（31万6000ドル）、第2位が中国（25万8600ドル）となった。

世界遺産基金の支出は、2年間で1090万ドル。このうち、新たな世界遺産の評価のための費用が370万ドル（34%）を占めている。一方、すでに登録された世界遺産の保全に使われたのは228万ドル（21%）、そのうち危機遺産の救済に使われたのは6万8000ドル（0・6%）に過ぎない。つまり、世界遺産基金は今や危機遺産の救済にではなく、新たな世界遺産をさらに増やすために使われているのが実情なのである（図16）。

このまま世界遺産の数を増やすということを続けて

行けば、国際協力によって危機にさらされた遺産を救済するという条約の本来の趣旨は、財政的にも困難になる。今や世界遺産条約そのものが危機に瀕しているのである。

日本における世界遺産の次の課題

奄美大島・徳之島・沖縄島北部及び西表島は登録延期となったため、しばらくは再申請のために力を注がなくてはならない。しかし、奄美大島・徳之島・沖縄島北部及び西表島の次の自然遺産候補はどこかという質問を受けることもあり、その時、私は次のように答えている。

「知床、白神山地、屋久島、奄美・琉球諸島、小笠原諸島の5つの世界自然遺産は、日本列島の5つの陸域の生物地理区分（満州・北海道混交林区、東アジア落葉樹林区、日本常緑樹林区、琉球諸島区、ミクロネシア区）を代表しており、陸域に限れば、この5つの世界自然遺産で十分です」と。

すなわち、2003年に環境省と林野庁が開催した、国内の世界自然遺産候補地検討委員会が選んだ19カ所の詳細検討地域のうち、世界遺産リスト記載の条件である「顕著な普遍的価値」を満たすと考えられた、知床、小笠原諸島、奄美・琉球諸島の3カ所が登録されれば15年前に選定された候補地は一段落したと言える。

それでは、もう日本には世界自然遺産の可能性がないのかというと、私はまだ3つの可能性が残されていると考えている。

　一つは、世界自然遺産の海域への拡張である。屋久島、白神山地には海域は含まれておらず、知床の登録に当たって、日本で初めて海域を含む世界自然遺産が登録された。海と陸との生態系の連続性という登録理由から、海域を含めることは必然であった。小笠原諸島では、国立公園の海域公園地区の一部を世界自然遺産に含めたが、世界遺産委員会では海域面積の拡大を推奨された。奄美・琉球諸島は、サンゴ礁生態系を有するため、海域を含むことを期待されたが、残念ながら陸域のみの推薦となった。２０１０年に名古屋で生物多様性条約締約国会議が開催された際に、地球上の陸域・陸水域の17％、海洋・沿岸の10％を保護地域とする愛知目標が採択されたが、日本は陸域に関してはすでに目標を達成しているが、海洋・沿岸域については目標達成には程遠い状況である。今後、世界自然遺産の拡張によって、海域地区を拡大する可能性もあるのではないかと思う。

　二つ目は、世界遺産の評価基準（viii）、すなわち「地球の歴史」あるいは「地形・地質」の基準に基づいて登録された世界自然遺産が日本には一つもないという問題である。科学的にみて、この基準に該当すべき自然遺産候補が国内に一つもないのであれば仕方がないが、日本列島は太平洋プレート、北米プレート、ユーラシアプレート、フィリピン海プレートという4つのプレートが衝突する位置に成立した弧状列島であり、世界ジオパーク・日本ジオパークに登録された地域も数多くあり、評価基準（viii）に合致する自然遺産候補がない訳ではない。例えば、小笠原諸島は、太平洋プレートが、フィリピン海プレートの下に沈み込んで生まれた弧状列島であり、4800万年前に海底火山が噴火を始めた頃に生まれたボニナイト（無人岩）という岩石の産地でもある。小笠原諸島世界自然遺産の構成要素となっている西之島は、2013年、2016年にも大きな噴火を引き起こし、島の面積は噴火前の10倍近くに拡大した。西之島の噴火では、海洋地殻を形成する玄武岩質のマグマだけではなく、大陸地殻を形成する安山岩質のマグマの噴火が観測されており、西之島は海洋プレートの衝突によって、大陸地殻が形成される過程を現実に見ることのできる重要な地域でもある。面積拡大に伴い、噴火が沈静化した時点で、世界自然遺産の区域の拡張を申請することになるだろうが、この機会に、評価基準（viii）について再申請を行うことも考えられる。このようにして生まれた弧状列島が、フィリピン海プレートの北上に伴って、日本列島に衝突して生まれたのが、丹沢山地や伊豆半島などであり、大陸形成の過程を示していることを考えると、伊豆─小笠原諸島全体が一つの世界遺産と言っても良いかもしれない。

三つ目は、日本には自然遺産と文化遺産の両方の基準を満たした複合遺産が一つもないという現実であろう。もちろん、日本国内に複合遺産にふさわしい候補地が一つもないということはない。1982年にIUCNが発行した「世界の優れた自然地域（The World's Greatest Natural Areas）」には、将来の世界遺産候補地として、日本からは阿寒国立公園、日光国立公園、富士箱根伊豆国立公園の3カ所が挙げられ、うち阿寒国立公園と日光国立公園は自然遺産の基準のみならず、文化遺産の基準を満たす可能性があると書かれている。日光国立公園はもちろん、東照宮、二荒山神社などの文化遺産であるが、阿寒国立公園についてはアイヌ文化への言及が見られる。富士山に関しては、２００３年の環境省・林野庁による国内世界自然遺産候補地検討会で、19カ所の詳細検討地域には入ったが、優先して推薦する３カ所には入らなかったため、文化遺産として推薦することとなり、２０１３年の世界遺産委員会において文化遺産として世界遺産リストに登録された。その過程で、自然遺産の評価基準（vii）自然美も含めて推薦する意見も出たが、あくまでも文化遺産としての推薦にこだわり、複合遺産として推薦されることはなかった。文化遺産については文化庁が、自然遺産については環境省・林野庁が、国内の世界遺産候補をあげて、暫定リストとして申請するが、文化庁と環境省・林野庁が共同で複合遺産候補を検討することは行われていない。複合遺産という視点から、３省庁が共同で候補地を選べば、これまでの暫定リストとは全く異なる候補地が浮上する可能性もある。

自然遺産における文化、文化遺産における自然

では、複合遺産が登録できなければ、自然と文化の分断が克服できないのかといえば、そのようなことはない。第2章から第5章でも述べてきたように、白神山地、屋久島、知床、小笠原諸島な

どの自然遺産においても、顕著な普遍的価値を認められた自然遺産としての価値の他にも、ユネスコやIUCNが気づかなかった自然的価値もあれば、そもそも自然遺産として推薦したために忘れられてしまった文化的価値もある。第6章で説明した奄美大島・徳之島・沖縄島北部及び西表島の場合は、複合遺産として推薦しても良かったのではないかと思えるほどの文化的価値を有している。第7章で紹介した富士山、紀伊山地の場合は、文化遺産として世界遺産リストに登録されたものの、その文化的価値の背景にあるのは地学的自然、生物学的自然などの自然的価値である。

このように考えると、すでに世界遺産として登録された日本国内の自然遺産、文化遺産において、自然と文化の価値の関係を明らかにし、どのようにしたら統合的に保全、回復、維持してゆくことができるかを考えることが必要である。

世界自然遺産の場合、顕著な普遍的価値が認められた地域を厳格に守ることを原則にしてきたので、世界遺産として登録されたのは国立公園の特別保護地区、自然環境保全地域、森林生態系保護地域の保存地区などを中心とした地域であることが多い。地域の人々が大切に思う信仰の場が世界遺産地域に含まれている場合もあるだろうし、地域の人々の伝統的な利用の場は世界遺産地域の外側にある場合も多いだろう。

したがって自然遺産において、自然的価値と文化的価値を統合するためには、世界遺産地域の外側に緩衝地帯（バッファーゾーン）やさらに外側の移行地域（トランジッションエリア）を設けることが望ましい。屋久島ではすでに世界遺産地域を核心地域とした生物圏保存地域（ユネスコエコパーク）が設置されているが、白神山地における環白神ユネスコエコパーク構想はそういった意味で重要な提案である。小笠原諸島における世界遺産管理地域は、島々に分断された世界遺産地域を地理的に統合するという意味を持っており、これは、奄美大島・徳之島・沖縄島北部及び西表島にも適用可能な方法だと思われる。

富士山や紀伊山地のような世界文化遺産の場合、個々の遺産をつなぐのは登山道や参詣道だけのように思われがちだが、国立公園やユネスコエコパークの存在も忘れてはならない。富士山は富士箱根伊豆国立公園、紀伊山地は吉野熊野国立公園に指定されており、また大台ケ原・大峯山・大杉谷生物圏保存地域も一部重なっている。

世界遺産とユネスコエコパークは重複を避けるべきだという考えもあるが、私はそうは思わない。世界には世界遺産とユネスコエコパークが重複して指定されている地域が69カ所あるが、世界遺産がバッファーゾーンまでしか想定していないのに対して、ユネスコエコパークはその外側に持続可能な開発を目標としたトランジッションエリアを有している。この機能をうまく使えば、自然と文化を統合したり、保全と開発を両立させるということも考えられる。

世界遺産条約そのものが、自然と文化を一つの条約で守るという本来の姿に向かうことが求められるが、まずはすでに登録された自然遺産や文化遺産で、自然と文化を統合した管理を行うことが第一歩であると思う。世界遺産条約における自然と文化の関係を考えるというのが本書のテーマである。この問題はカナダの先住民アニシナーベ族から提起されたが、考えてみると日本国内の自然遺産、文化遺産には、自然と文化の関係、自然と人間の関係を考えるのにふさわしい遺産が数多くある。世界遺産条約に20年遅れて加盟した日本ではあるが、このテーマに関しては日本の経験を生かし、世界に発信することのできることが多いのではないかと思う。日本の大学生、大学院生が、世界の人々と意見交換しながら、切磋琢磨して、世界遺産条約の新たな地平を切り開いて欲しいと願っている。

おわりに

本書は、２０１８年の世界遺産委員会において、奄美大島・徳之島・沖縄島北部及び西表島が世界遺産リストに登録されるタイミングで出版される予定であった。ところが、５月には奄美大島・徳之島・沖縄島北部及び西表島をＩＵＣＮが登録延期と評価したことを受けて、日本政府による申請取り下げが決まり、改めて世界自然遺産を考える機会が生まれた。

そこで、白神山地、屋久島、知床、小笠原諸島の4つの世界自然遺産と、候補地である奄美大島・徳之島・沖縄島北部及び西表島、文化遺産として登録された富士山、紀伊山地を加え、自然と文化を一つの条約で守るという本来の世界遺産条約の趣旨に立ち戻って、世界遺産における自然と文化の関係に焦点をあてて執筆した。

現在、世界遺産条約は、世界遺産リストの信頼性と地域バランス、世界遺産に登録された遺産の保全、危機遺産リストと世界遺産基金の有効性など数多くの課題を抱えている。その一つが、世界遺産における自然と文化の関係に関する課題である。この課題は、カナダの先住民が住むピマチョイン・アキが登録延期となったことがきっかけとなり、複合遺産における自然と文化の関係の評価に関する研究から始まったものだが、自然遺産における文化的価値、文化遺産における自然的価値を再評価し、国内における自然と文化を統合した管理に反映させてゆくことも課題となっている。

筑波大学大学院世界遺産専攻では、２０１６年からアジア・太平洋地域の自然遺産・文化遺産の若手・中堅の専門家を招き、遺産保護における自然と文化に関するワークショップを開催し、２０１７年にはユネスコ高等教育局からユネスコチェアプログラムとして認定された。これまで自然遺産・自然保護を研究対象としてきた世界遺産専攻吉田研究室でも、世界自然遺産における自然と文化、自然保護とコミュニティの関係に焦点をあてた研究を開始した。

本書でも、自然遺産における自然と文化、自然と人との関係を研究している大学院生に修士論文にもとづき、一部を執筆してもらった。白神山地については外崎杏由子さん、知床については船木大資くん、小笠原諸島について三ツ井聡美さんに心から感謝したい。

本書で取り上げた、世界遺産における自然と文化の関係に関する提言が、日本における将来的な複合遺産の推薦、日本国内の自然遺産・文化遺産における自然と文化を統合した管理に結びつくとともに、読者が自然遺産・文化遺産を訪れる際に、自然と文化の両面から考える参考になれば幸いである。

最後に、山と溪谷社の神谷有二さんに、企画から編集までたいへんお世話になった。深く感謝申し上げる。

２０１８年７月

著者を代表して　吉田正人

最終章

IUCN(1982)The World's Greatest Natural Areas – An Indicative Inventory of Natural Sites of World Heritage Quality. IUCN

IUCN(2004)The World Heritage List: Future Priorities for Credible and Complete List of Natural and Mixed Sites. IUCN

IUCN(2006)The World Heritage List: Guidance and Future Priorities for Identifying Natural Heritage of Potential Outstanding Universal Value. IUCN

IUCN(2008)The Future of the World Heritage Convention – Challenges for the Next Twenty Years – An IUCN Perspective. IUCN

UNESCO(2004)Global Strategy for a representative, balanced and credible World Heritage List. WHC-04/28. COM/13. UNESCO

吉田正人(2012)世界自然遺産と生物多様性保全．地人書館

吉田正人(2017a)世界遺産との関係を深めるユネスコエコパーク．世界遺産年報2017．ユネスコ協会連盟．講談社

吉田正人(2017b)世界遺産と生物圏保存地域の連携の可能性．日本地理学会発表要旨集．日本地理学会

吉田正人(2017c)45 周年を迎えた世界遺産条約の課題と将来．国立公園 754: 3-6. 自然公園財団

安間繁樹(2011)ネイチャーツアー西表島．東海大学出版会

やんばる自然体験活動協議会(2004)やんばる生きもの図鑑 沖縄の山原でよくみられる生きものたち．やんばる自然体験活動協議会

やんばる自然体験活動協議会(2012)やんばる自然のあしび手帳．やんばる自然体験活動協議会

横塚眞己人(2011)西表島フィールド図鑑 改訂新版．実業之日本社

琉球大学理学部「琉球列島の自然講座」編集委員会編(2015)琉球列島の自然講座 サンゴ礁・島の生き物たち・自然環境．ボーダーインク

第7章

IUCN(2013)Study on the application of Criterion VII – Considering superlative natural beauty within the World Heritage Convention. IUCN

UNESCO Chair on Nature-Culture Linkages in Heritage Conservation(2018) Sacred Landscapes, Second Workshop Report, Capacity Building Workshop on Nature-Culture Linkages in Heritage Conservation in Asia and the Pacific 2017. University of Tsukuba

五十嵐敬喜・岩槻邦男・西村幸夫・松浦晃一郎編著(2018)信仰の対象と芸術の源泉．世界遺産富士山の魅力を生かす．ブックエンド

蒲池明弘(2017)火山で読み解く古事記の謎．文春新書．文藝春秋

倉地克直(2016)江戸の災害史 徳川日本の経験に学ぶ．中公新書．中央公論社

小山真人(2013)富士山 大自然への道案内．岩波新書．岩波書店

鈴木正崇(2015)山岳信仰 日本文化の根底を探る．中央新書．中央公論社

平朝彦(1990)日本列島の誕生．岩波新書．岩波書店

田中利典(2014)体を使って心をおさめる 修験道入門．集英社新書．集英社

栂嶺レイ(2017)誰も知らない熊野の遺産．ちくま新書．筑摩書店

野口健(2014)世界遺産にされて富士山は泣いている．PHP 新書．PHP 研究所

藤岡換太郎・有馬眞・平田大二(2004)伊豆・小笠原弧の衝突–海から生まれた神奈川．有隣堂

藤岡換太郎・平田大二(2014)日本海の拡大と伊豆弧の衝突～神奈川の大地の生い立ち．有隣堂

富士山世界文化遺産登録推進両県合同会議(2013)「世界遺産富士山–信仰の対象と芸術の源泉」世界文化遺産登録記念誌．富士山世界文化遺産登録推進両県合同会議

富士山世界文化遺産登録推進両県合同会議(2013)世界遺産登録富士山構成資産ガイドブック．山梨日日新聞社

山崎晴雄・久保純子(2017)日本列島 100 万年史 大地に刻まれた壮大な物語．ブルーバックス．講談社

吉田正人(2018)世界遺産 富士山の自然保護問題．信仰の対象と芸術の源泉．世界遺産富士山の魅力を生かす．ブックエンド

三ツ井聡美(2017)外来種問題に関する行政からの情報提供の変遷－小笠原諸島のネコ対策を例に－. 平成 28 年度筑波大学大学院人間総合科学研究科世界遺産専攻修士論文

山口遼子(2005)小笠原クロニクル－国境の揺れた島. 中公新書ラクレ. 中央公論社

ロング, ダニエル(2002)小笠原学ことはじめ. 南方新社

第 6 章

Dasmann, R.F.(1973)A System for Defining and Classifying Natural Regions for Purpose of Conservation. IUCN

IUCN(2018)Amami Oshima Island, Tokunoshima Island, the Northern Part of Okinawa Island, and Iriomote Island, Japan. IUCN World Heritage Evaluations 2018, IUCN Evaluations of nominated natural and mixed properties to the World Heritage List. WHC/18/42.COM/INF.8B2. UNESCO

Mishra, Hemanta and Natarajan Ishwaran(1992)Summary and Conclusion of the Workshop on the World Heritage Convention Held During the IV World Congress on National Parks and Protected Areas, Caracas Venezuela, February 1992. World Heritage Twenty Years Later. IUCN

Numata, Makoto(1969)Ecological Background and Conservation of Japanese Islands. Micronesia 5: 295-302.

Numata, Makoto Ed.(1974)Flora and Vegetation of Japan. 304 pages, Kodansha Scientific Books, Elsevier Science Ltd.

Udvardy, Miklos(1975)A Classification of the Biogeographical Provinces in the World. IUCN

安渓遊地・盛口満編(2010)聞き書き・島の生活誌 3. 田んぼの恵み 八重山のくらし. ボーダーインク

西表島エコツーリズム協会(1994)西表島エコツーリズム・ガイドブック ヤマ・カワ・ウミ・ヒト ヤマナ カーラ・スナ ピトゥ. 西表島エコツーリズム協会

沖縄生物教育研究会編(2004)フィールドガイド 沖縄の生きものたち. 新星出版

狩俣恵一(2004)竹富島文庫 I 種子取祭. 瑞木書房

小林紀晴(2017)ニッポンの奇祭. 講談社現代新書. 講談社

平良克之・伊藤嘉昭(1997)沖縄やんばる亜熱帯の森－この世界の宝をこわすな. 高文研

當山昌直・安渓遊地(2009)聞き書き・島の生活誌 1. 野山がコンビニ 沖縄島のくらし. ボーダーインク

深石隆司(2002)八重山ネイチャーライフ シマの暮らしと生き物たち. ボーダーインク

ホライゾン編集室編(2000)生命めぐる島・奄美 森と海と人と. 奄美文化財団

三輪大介・盛口満編(2011)聞き書き・島の生活誌 7. 木にならう 種子・屋久・奄美のくらし. ボーダーインク

屋久杉自然館編(2000)屋久杉自然館ビジュアルテキスト 屋久島やくすぎ物語 屋久杉自然館総合案内誌 . 屋久島町立屋久杉自然館

屋久杉自然館編(2003)小さな地球屋久島 屋久島の不思議 屋久杉の秘密 . 屋久島町立屋久杉自然館

第4章

IUCN(2005)Shiretoko, Japan, World Heritage Nomination. IUCN Technical Evaluation, IUCN

Yoshida, Masahito(2008)Potentials and Possibilities of Natural Peace Park in Japan. Proceeding of the 5th Workshop on the Management and Conservation of World Heritage Sites. UNITAR

大泰司紀之・本間浩昭(2008)知床・北方四島−流氷が育む自然遺産 . 岩波新書 . 岩波書店

環境省・林野庁・文化庁・北海道(2004)知床世界自然遺産候補地管理計画 . 環境省・林野庁・文化庁・北海道

辻井達一・俵浩三・村田良介ほか(2004)特集 知床・限りなき生命の輪 世界自然遺産登録を前に . モーリー No.10. 北海道新聞社

中川元(2006)世界遺産・知床がわかる本 . 岩波ジュニア新書 . 岩波書店

日本政府(2004)世界遺産一覧表登録推薦書 知床 . 日本政府

船木大資(2018)世界自然遺産地域における人と自然の関係−知床半島羅臼町赤岩地区の昆布漁をめぐって− . 平成 29 年度筑波大学大学院人間総合科学研究科世界遺産専攻修士論文

マッカロー , デール・梶光一・山中正実(2006)世界自然遺産知床とイエローストーン 野生をめぐる二つの国立公園の物語 . 知床財団

吉田正人(2004)日本における自然遺産候補の選定と知床自然遺産登録の課題 . 北海道の自然 42:9-12. 北海道自然保護協会

第5章

IUCN(2011)Ogasawara Islands, Japan. IUCN Evaluations of Nominations of Natural and Mixed Properties to the World Heritage List. WHC-11/35.COM/INF.8B2. UNESCO

Yoshida, Masahito(2017)Ogasawara Islands World Heritage Area. Natural Heritages of Japan: Geological and Geomorphological, and Ecological Aspects. Springer

環境省・林野庁・文化庁・東京都・小笠原村(2009)世界自然遺産候補地小笠原諸島管理計画 . 環境省・林野庁・文化庁・東京都・小笠原村

倉田洋二(1984)小笠原寫眞帖−発見から戦前まで . アボック社

田中弘之(1997)幕末の小笠原−欧米の捕鯨船で栄えた緑の島 . 中公新書 . 中央公論社

日本政府(2009)世界遺産一覧表記載推薦書 小笠原諸島 . 日本政府

UNESCO Chair on Nature-Culture Linkages in Heritage Conservation (2018) Sacred Landscapes, Second Workshop Report, Capacity Building Workshop on Nature-Culture Linkages in Heritage Conservation in Asia and the Pacific 2017. University of Tsukuba

White House (1965) Report of the Committee on Natural Resources Conservation and Development, National Citizens Commission, White House Conference on International Cooperation, Washington D.C.

日本自然保護協会(1991)世界遺産条約資料集．日本自然保護協会

日本自然保護協会(1992)世界遺産条約資料集2. 日本自然保護協会

日本自然保護協会(1994)世界遺産条約資料集3. 日本自然保護協会

吉田正人(2012)世界自然遺産と生物多様性保全．地人書館

第2章

鬼頭秀一(1996)自然保護を問い直す−環境倫理とネットワーク．ちくま新書．筑摩書房

茅野恒秀(2014)環境政策と環境運動の社会学 自然保護運動における解決過程および政策課題設定メカニズムの中範囲理論．ハーベスト社

外崎杏由子(2015)世界自然遺産としての価値とコミュニティにとっての価値の不一致−白神山地を事例に．平成26年度筑波大学大学院人間総合科学研究科世界遺産専攻修士論文

日本自然保護協会・ブナ原生林保護基金(1985)'85国際森林年協賛ブナ・シンポジウム資料集．日本自然保護協会

日本自然保護協会編(1986)白神山地のブナ林生態系の保全調査報告書．日本自然保護協会

日本自然保護協会(2000)自然保護NGO半世紀のあゆみ 日本自然保護協会50周年誌．日本自然保護協会

牧田肇監修(1993)SHIRAKAMI 白神山地．青森銀行

八木浩司・齊藤宗勝・牧田肇(1998)白神の意味．白湧社

第3章

環境庁自然保護局編(1984)屋久島の自然 屋久島原生自然環境保全地域調査報告書．日本自然保護協会

下野敏見(2006)屋久島もっと知りたい 人と暮らし編．南方新社

自然環境研究センター (1996)山に十日、海に十日、野に十日 共生の島・くち六万．屋久島エコツーリズム・ガイドブック．自然環境研究センター

日本自然保護協会(1988)屋久島の自然観察．日本自然保護協会

三輪大介・盛口満編(2011)聞き書き・島の生活誌7. 木にならう 種子・屋久・奄美のくらし．ボーダーインク

屋久島地学同好会(2012)屋久島の地質ガイド．屋久島環境文化村財団

参考文献

第1章

Batisse, Michele and Gerard Bolla(2005)The Invention of "World Heritage". History Papers 2. Association of Former Unesco Staff Members

Cameron, Christina and Mechtild Rossller(2013)Many Voices, One Vision: The Early Years of the World Heritage Convention. Routledge

Coolidge, E, H. L.(1962)Future Prospects for International Cooperation in the field of National Parks and Reserves. Proceedings of First Conference on National Parks Congress, 357-361. National Parks Service, US Department of Interior

IUCN(1958)Resolution adopted by the General Assembly. Sixth General Assembly. Athens, Greece, IUCN

IUCN(1971)Draft Text of Convention on Convention of the World Heritage. IUCN

Stott, Peter H.(2011)The World Heritage Convention and the National Parks Service, 1962-1972. The George Wright Forum 28(3)279-290. The George Wright Forum Society

Stott, Peter H.(2012)The World Heritage Convention and the National Parks Service, 1972-1992. The George Wright Forum 29(1)148-175. The George Wright Forum Society

Train, Russell(1974)An idea whose times has come: The World Heritage Trust, A World need and a world opportunity. Proceedings of Second World National Parks Congress, 377-381. IUCN

UNESCO(1971)International Instruments for the Protection of Monuments, Group of Buildings and Sites. SHC/MD/17. UNESCO

UNESCO(1972a)International Regulations for the Protection of Monuments, Group of Buildings and Sites. SHC/MD/18. Add.1. UNESCO

UNESCO(1972b)Unesco Special Committee of Government Experts to Prepare a Draft Convention and a Draft Recommendation to Member States Concerning the Protection of Monuments, Group of Buildings and Sites. SHC/72-Conf.37/20. UNESCO

UNESCO(1972c)Convention for the Protection of the World Cultural and Natural Heritage. Record of General Conference 17 Session. UNESCO

UNESCO(1972d)Recommendation Concerning the Protection, at National Level, of the Cultural and Natural Heritage. Record of General Conference 17 Session. UNESCO

UNESCO Chair on Nature-Culture Linkages in Heritage Conservation(2017) Agricultural Landscapes, First Workshop Report, Capacity Building Workshop on Nature-Culture Linkages in Heritage Conservation in Asia and the Pacific 2016. University of Tsukuba

本書は書き下ろし作品です。

吉田　正人(よしだまさひと)

1956年千葉県生まれ。筑波大学大学院教授。千葉大学卒業後、日本自然保護協会研究員として世界遺産条約批准促進に関わり、小笠原諸島世界自然遺産科学委員会、富士山世界文化遺産学術委員会委員をつとめる。現在、筑波大学大学院世界遺産専攻吉田ゼミでは、世界遺産条約における自然と文化の関係を研究している。著書に『自然保護－その生態学と社会学』『世界自然遺産と生物多様性保全』(いずれも地人書館)などがある。

世界遺産を問い直す　YS040

2018年8月30日　初版第1刷発行

著　者　吉田正人
発行人　川崎深雪
発行所　株式会社　山と溪谷社
〒105-0051　東京都千代田区神田神保町1丁目105番地
http://www.yamakei.co.jp/
■乱丁・落丁のお問合せ先
山と溪谷社自動応答サービス　TEL.03-6837-5018
受付時間／10:00-12:00、13:00-17:30(土日、祝祭日除く)
■内容に関するお問合せ先
山と溪谷社　TEL.03-6744-1900(代表)
■書店・取次様からのお問合せ先
山と溪谷社受注センター　TEL.03-6744-1919 FAX.03-6744-1927

印刷・製本　図書印刷株式会社

Printed in Japan ISBN978-4-635-51050-9